Genealogia do Sujeito Freudiano

W776g Winograd, Monah
        Genealogia do sujeito freudiano / Monah Winograd. —
    Porto Alegre : ArtMed, 1998.

    1. Psicanálise. I. Título.

                    CDU 159.964.2

Catalogação na publicação: Mônica Ballejo Canto – CRB 10/1023

ISBN 85-7307-435-3

Monah Winograd

Psicanalista.
Especialista em Psicoterapia pelo Instituto de Psiquiatria da UFRJ.
Mestre em Teoria Psicanalítica pela UFRJ.
Doutoranda em Teoria Psicanalítica pela UFRJ.

Genealogia do Sujeito Freudiano

PORTO ALEGRE, 1998

© Editora Artes Médicas Sul Ltda, 1998

Capa:
Joaquim da Fonseca

Preparação do original
Supervisão editorial
Projeto gráfico
Editoração eletrônica

editográfica

Reservados todos os direitos de publicação em língua portuguesa à
EDITORA ARTES MÉDICAS SUL LTDA.
Av. Jerônimo de Ornellas, 670 — Fone (051) 330-3444 FAX (051) 330-2378
90040-340 Porto Alegre, RS, Brasil

SÃO PAULO
Rua Francisco Leitão, 146 — Pinheiros
Fone (011) 883-6160
05414-020 São Paulo, SP, Brasil

IMPRESSO NO BRASIL
PRINTED IN BRAZIL

*A Maurício Rocha, por saber ler,
em cada uma destas linhas,
palavras de amor.*

Agradecimentos

Este livro é uma versão levemente modificada de minha dissertação de mestrado, realizada no Curso de Pós-Graduação em Teoria Psicanalítica da Universidade Federal do Rio de Janeiro (1994-1996), com o apoio do CNPq, pelo qual sou grata.

Gostaria de agradecer a todos os professores e funcionários deste Curso de Pós-Graduação, pelo carinho e incentivo oferecidos durante a realização de minha pesquisa. Em especial, agradeço ao prof. Luiz Alfredo Garcia-Roza, que, com rigor, paciência e carinho acompanhou e orientou cada etapa da realização deste trabalho, propondo problemas e saídas que enriqueceram o movimento de pensamento realizado aqui.

Também sou grata aos amigos Alexandre Jordão, Cristiana Facchinetti, Fernanda Bruno, Gabriela de Paiva Paschoal, Gabriela Maldonado, Marcio Acselrad, Vanessa Menna Barreto, por tornarem a escrita menos solitária, e a Roberto Brandão, pela paciência e generosidade.

Apresentação

O sujeito é uma invenção recente. Montaigne e Descartes, com o *cogito*, dão início ao grande inventário realizado pelo pensamento moderno — racionalistas e empiristas — sobre a consciência, a subjetividade, o indivíduo, o eu, mas é somente dois séculos mais tarde, na aurora do pensamento contemporâneo, que Hegel cria o conceito de *sujeito*.

Cem anos separam a *Fenomenologia do Espírito*, de Hegel, e a *Interpretação dos sonhos*, de Freud; no entanto, ambas têm como questão central a constituição do sujeito. Não seria exagerado dizer que esse é o objeto que emerge para o pensamento contemporâneo a partir de Hegel, e que permanece como questão central — embora não nomeada — da psicanálise freudiana. Passado mais outro século, é ainda o sujeito, objeto-tema do livro de Monah Winograd, uma questão que está longe de ser esgotada.

A autora retoma o caminho que vai do cogito cartesiano à consciência hegeliana, mostrando como a filosofia construiu o solo de pensabilidade que tornou possível o surgimento do conceito de sujeito.

Mas, entre o sujeito hegeliano e o sujeito freudiano, há os conceitos de inconsciente e de pulsão, marcas da originalidade da psicanálise. Este é o ponto que divide as duas partes do livro de Monah e que é por ela denominado "devir sujeito", ponto da metamorfose do *sujeito de desejo*, em Hegel, para *sujeito do inconsciente*, em Freud e Lacan.

O livro de Monah Winograd — *Genealogia do sujeito freudiano* — é resultado de sua pesquisa no Programa de Pós-graduação em Teoria Psicanalítica da UFRJ, mas é sobretudo fruto de sua brilhante inteligência. É com alegria que o vejo reconhecido e acolhido pela casa editorial Artes Médicas Sul Ltda. e que o recomendo aos que se interessam pela psicanálise.

Luiz Alfredo Garcia-Roza

Sumário

APRESENTAÇÃO ix
Luiz Alfredo Garcia-Roza

INTRODUÇÃO 13

PARTE I
Elementos Genealógicos

CAPÍTULO 1 – O Cogito 21
   O método 22
   A dúvida 23
   O cogito 25
   A união entre alma e corpo 29
   Sujeito cartesiano e sujeito freudiano 33

CAPÍTULO 2 – O Tempo 41
   A filosofia crítica de Kant 42
   As intuições puras: o espaço e o tempo 44
   A consciência transcendental 46
   A reintrodução do tempo no cogito 48
   Tempo kantiano e tempo freudiano 49

Capítulo 3 – O Desejo 55
   Da consciência sensível à autoconsciência 57
   Kojève e a origem da humanidade 60
   Desejo hegeliano e desejo freudiano 65

PARTE II
O Sujeito Freudiano

Capítulo 4 – O Inconsciente 75
   O lugar da consciência 76
   Consciência e tempo 79
   O recalque primário 81
   A-temporalidade do inconsciente: a montagem conceitual 83
   O inconsciente existe? 88
   O inconsciente como multiplicidade e a cadeia significante 89
   O sujeito do inconsciente 91

Capítulo 5 – A Pulsão 99
   A montagem conceitual 100
   A pulsão como potência 103
   Pulsão e tempo 106
   O sujeito pulsional 108
   A pulsão de morte 111

Conclusão – Devir Sujeito 115

Referências Bibliográficas 123

Introdução

Um conceito, seja qual for, não surge do nada: ele está sempre relacionado a um problema que, por sua vez, só é formulável num contexto específico. Um conceito só faz sentido se referido ao *plano de pensabilidade*[1] no qual um determinado problema é formulado. Porém, ao mesmo tempo que um problema determinado pertence a um plano em particular, o conceito que nasce como tentativa de resolução deste problema só pode ser compreendido no plano novo e absolutamente singular que ele inaugura. O que não significa que este novo plano possa ser isolado dos outros, ou que um conceito pertencente a um plano seja independente de outros conceitos relativos a outros planos. Os planos avizinham-se, de modo que um conceito de um plano particular está necessariamente relacionado a outros conceitos de outros planos. Por isso, é possível detectar elementos semelhantes ou comuns que compõem conceitos, por vezes homônimos, pertencentes a planos distintos. Internamente a cada plano em particular, cada conceito está constantemente relacionado a outros, sobre os quais se bifurca e com os quais se conecta. É que um mesmo plano apresenta diversas regiões que supõem diversos problemas inter-relacionados e, portanto, diversos conceitos aliados entre si. Com a Psicanálise não poderia ser diferente.

Este livro apresenta uma investigação sobre o conceito freudiano de sujeito, cuja formulação depende necessariamente dos conceitos também freudianos de *pulsão* e de *inconsciente*, especificadores de um plano de pensabilidade bastante singular, nomeado de Psicanálise.[2] Tanto o conceito de sujeito, quanto os de pulsão e de inconsciente, porque são conceitos, não designam coisas, essências ou naturezas. A psicanálise é, antes de tudo, uma constelação de conceitos interligados, articulados e interdependentes que oferece uma inteligibilidade possível para o modo de ser do homem, sem se confundir com o estado de coisas no qual se encarna. Ao produzir os conceitos de inconsciente e de pulsão, Freud inaugura um plano novo, no qual o conceito de sujeito expressa uma maneira possível de pensar o modo de ser do homem.

Na medida em que o pensamento freudiano é visto como um plano de pensabilidade, é possível dessacralizá-lo. Afirmar que seus conceitos permitem uma inteligibilidade possível sobre o modo de ser do homem implica necessariamente uma desnaturalização destes conceitos e, conseqüentemente, sua historicização. Por ser datado, por ser produzido num contexto específico, o texto freudiano surge como tentativa de dar conta de alguns problemas específicos, como por exemplo a redução de quaisquer acontecimentos psíquicos a causas orgânicas, como propunha a psiquiatria do século XIX. No entanto, ao serem produzidos, os conceitos da psicanálise superam esta problemática específica, dando lugar a novos problemas que, de acordo com o momento, exigirão uma revisão de suas conexões e mesmo a produção de novas leituras. Isto só é possível pela abertura de pontos de interlocução que, ao promoverem um encontro fecundo, atualizam os conceitos psicanalíticos e garantem seu vigor.

O pensamento freudiano se inscreve num momento de virada do pensamento ocidental, especificamente a passagem do século XIX para o século XX, o berço de nossa modernidade.[3] O que não equivale a dizer que ele se dilua no momento anterior ou no momento que surge. Mesmo propondo uma teoria da representação[4], a *representação* da qual se trata não é definida "modernamente", numa relação direta com a coisa. Em Freud, a representação aproxima-se do que virá a ser o signo lingüístico, mais especificamente, o significante. A significação não é fornecida pelo mundo, ela nasce *da* e *na* articulação que a linguagem imprime às representações que a constituem. Além disso, as representações não são necessariamente conscientes: pensamento não é idêntico à consciência. O inconsciente aparece, não apenas como designação de processos psíquicos alheios ao campo da consciência, mas como virtualidade dos pensamentos possíveis. Pensamentos que, para Freud, não independem metafisicamente do corpo que os produz e sustenta. As representações são entendidas como expressões psíquicas das pulsões, e não como imagens especulares das coisas do mundo externo.

Propondo uma articulação entre o psíquico e o somático, entre as ordens natural e cultural, Freud aponta uma solução teórica para uma problemática básica: o dualismo cartesiano entre corpo e alma. É vislumbrada a existência de um espaço virtual, situado entre as duas ordens, que media e regula as passagens de uma a outra. Mais ainda do que o conceito de inconsciente, o conceito de pulsão parece ser o diferenciador e especificador da teoria psicanalítica, marcando sua originalidade no campo do saber ocidental, já que apresenta uma leitura do homem que exige levar em conta o corpo como fonte de uma força que o impele a pensar e a agir diferentemente.

Ao investigar tanto estas originalidades quanto as heranças, trabalho na fronteira entre o plano psicanalítico e o plano filosófico. Tal interlocução coloca necessariamente questões para a própria psicanálise, exigindo um movimento interno a esta teoria que abre o futuro como possibilidade de diferença. Permite-se um movimento conceitual enriquecedor que obriga os conceitos a adquirirem novos contornos de acordo com as problemáticas surgidas a cada momento.

A primeira parte deste livro é dedicada ao rastreamento das condições de possibilidade (os elementos genealógicos) da criação do conceito freudiano de sujeito. No primeiro capítulo, apresento brevemente alguns aspectos da filosofia cartesiana, sobretudo, a constituição de uma espécie de 'matriz subjetiva'. Ao identificar subjetividade e consciência, com postulação do *cogito*, Descartes abriu possibilidade lógica da construção do inconsciente. É também aí que nasce uma problemática fundamental: a distinção e a articulação entre alma e corpo, pensados como substâncias distintas. De algum modo, o conceito de pulsão oferecerá uma alternativa de resposta a este dualismo e aos problemas que acarreta.

No segundo capítulo, examino como Kant opera a relação entre subjetividade e *tempo*. De qual tempo se trata? Como será pensado e qual corte introduz na subjetividade? O tempo será condição de toda percepção, externa e interna. Constituirá passado, presente e futuro, mas será, ainda, razão. Certamente, o sujeito psicanalítico aparece referido a uma temporalidade. Contudo, a relação entre eles é diversa: para Freud, o passado se constitui a partir do presente.

Finalmente, no terceiro capítulo, apresento a concepção hegeliana (exposta por A. Kojève) de *desejo*. Definido como desejo de desejo, o desejo introduz a dimensão da relação ao outro num eu fechado sobre si. Ao cogito e ao tempo, acrescenta-se um novo elemento que contribuirá para a formulação freudiana.

Mas, e quanto ao sujeito da psicanálise? Apenas aqui, tendo sido forjados os ingredientes básicos, é possível pensar um sujeito que se constitui sempre numa relação desejante a outro sujeito, referido a um tempo e produzindo uma história, porém radicalmente distinto de uma consciência de si. Este sujeito é marcado pela diferença, pela criação do novo. Não se pode reduzi-lo à ordem natural e tampouco à ordem simbólica: ele não é substância, consciência transcendental ou espírito. Também não é sujeito de representação, se por representação entendemos a verdade refletida. O sujeito da psicanálise caracteriza-se por sua potência de pensar e de agir, pelo entrecruzamento de uma força constante e da cadeia de representações. Não é apreensível nem determinável, pois se transforma a cada momento — é devir.

A segunda parte deste livro é dedicada a uma investigação acerca deste sujeito, a partir dos conceitos fundamentais de inconsciente e de pulsão. Se o primeiro caracteriza o sujeito como a produção incessante de significações sempre inéditas, a segunda vincula este sujeito ao corpo como fonte de uma potência que é a condição mesma do inconsciente e de seu movimento. A abordagem apresentada parte de uma discussão a respeito do conceito de *inconsciente* e de seu estatuto, apresentando-o como uma *multiplicidade* de significações decorrente de sua própria estrutura, não como algo que tenha uma existência objetiva. O *sujeito do inconsciente* é entendido, não numa referência àquele que participa do enunciado, mas como o próprio ato de enunciação, como *sujeito da enunciação* que, pelos cortes do discurso enunciado, produz-se como diferença.

A seguir, investigo outra dimensão fundamental, a *dimensão pulsional*, que se coloca como uma primeira mediação entre o corpo e o psíquico, definindo uma força, originada nos processos somáticos, que atinge o aparato psíquico constantemente, fundando-o e garantindo seu movimento. Acompanhando as mutações internas ao conceito de pulsão e investigando sua montagem conceitual, apresento-o como a expressão de uma *potência* que somente recebe alguma determinação quando é inscrita na rede de representações. Esta potência, ao lado do inconsciente, garante a criação que caracteriza o sujeito como *devir*. O sujeito da psicanálise não pode ser reduzido à alma ou ao espírito independentes do corpo, nem ao corpo como único princípio explicativo.

A partir destas duas direções — uma concernente a alguns sistemas filosóficos e outra referente à psicanálise — convido o leitor a realizar comigo um duplo movimento. Do centro da metapsicologia para fora, em direção aos limites do campo psicanalítico; e, destes limites, em direção ao centro, na medida em que é neste lugar que me interessa investigar as questões surgidas no movimento anterior. Posição desconfortável e incerta, mas, neste caso, a única possível. Somente neste duplo movimento, posso apontar em que a psicanálise é herdeira da tradição de pensamento precedente (especificamente a que teve início no século XVII, com Descartes) e em que ela se diferencia. Não se trata de traçar uma linha de continuidade, mas de circunscrever os pontos de convergência e divergência. Em suma, delimitar questões acerca do conceito de sujeito.

Especificamente com relação à metapsicologia, minha posição também é desconfortável. O conceito de sujeito não é um conceito freudiano, não está nos textos de Freud a não ser em suas entrelinhas, como aquilo a que somos levados a pensar se seguimos seu raciocínio. Portanto, é inevitável recorrer as elaborações de Jacques Lacan, já que suas famosas fórmulas e seu modo de pensar a psicanálise são excelentes instrumentos de trabalho, tanto no que concerne à sua apresentação do inconsciente como cadeia significante, quanto à ênfase dada ao caráter criativo e ativo da pulsão, sobretudo da pulsão de morte.

É claro que Lacan constrói um edifício conceitual próprio, introduzindo conceitos originais que só fazem sentido se referidos especificamente ao seu pensamento. Contudo, faço uso apenas daquilo que me ajude a pensar o texto freudiano, particularmente no que se refere aos conceitos fundamentais da psicanálise, abstendo-me de comentar a contribuição lacaniana em especial. Portanto, minha referência é Freud, embora lance mão de alguns conceitos lacanianos como instrumentos que facilitam a compreensão da metapsicologia. Uma objeção possível é a de que, ao não limitar-me estritamente aos conceitos freudianos, estendendo-me entre dois autores, perco em rigor e coerência lógica, não sendo fiel nem a um, nem ao outro. Contudo, isto pareceu-me mais vantajoso do que problemático, já que dispus-me a pensar *com* o texto freudiano e a partir dele, e não a reverenciá-lo, promovendo sua sacralização. E o que é pensar, senão arriscar uma posição singular frente ao pensamento e ao que dele decorre, frente à própria vida?

NOTAS

1. 'Plano de pensabilidade' designa qualquer constelação conceitual na qual os conceitos interligam-se, conectando-se necessariamente uns aos outros e oferecendo uma inteligibilidade possível sobre uma determinada gama de acontecimentos. Esta noção é tributária do conceito deleuziano de *plano de imanência*, que designa um campo transcendental onde só a exterioridade pode ser suposta de antemão, isto é, onde não há pressupostos de nenhuma espécie. Cf. DELEUZE, G. & GUATTARI, F., *O que é a filosofia?*, Rio de Janeiro: Editora 34, 1992. p. 49-79.
2. Embora o conceito de *sujeito* em psicanálise não se encontre nos textos freudianos, ele pode ser deduzido, como faz Jacques Lacan, a partir de uma tomada de posição quanto aos conceitos de *inconsciente* e de *pulsão*. Nesta pesquisa, faremos referência, de modo equivalente, ora ao *sujeito psicanalítico*, ora ao *sujeito freudiano*, sempre levando em conta a contribuição lacaniana nessa direção.
3. Cf. FOUCAULT, M., *Les mots et les choses*, Paris: Gallimard, 1966
4. O que podemos situar, de saída, como estando relacionada à primeira tópica freudiana. A oposição entre pré-consciente/consciente e inconsciente é uma oposição entre sistemas constituídos de representações, entre modos de articulação destas representações.

Parte I
Elementos Genealógicos

CAPÍTULO **1**

O Cogito

> " — 'A alma está intacta'. E, afinal de contas, quem dá nossa identidade é a alma. — 'Se a alma' — raciocinava contra si mesmo — 'não foi mutilada, se a alma permanece'. Passou uma noite inteira fumando, tomando cafezinho e repetindo: — 'A alma! Se Deus existe; sim, se Deus existe, o que vale é a alma e tudo o mais é detalhe!'"
>
> NELSON RODRIGUES

Até o século XVI, o pensamento movia-se por semelhança, procurando as identidades na diversidade do mundo. Conhecer era encontrar o mesmo e o idêntico, sempre estáveis e imutáveis.[1] No século XVII, a filosofia cartesiana aparece como o pensamento que exclui a semelhança como forma primeira e experiência fundamental do saber. Nela, na experiência da semelhança, há uma mistura confusa que é preciso analisar em termos de identidades e diferenças, de medida e de ordem. O que, até aqui, valia como certo se mostra falso: a semelhança não revela a verdade das coisas, mas se encontra do lado da imaginação.

O saber constituído até o século XVI mostra-se frágil e ilusório: o mundo é posto em dúvida. Para que esta dúvida possa ser vencida, faz-se necessária uma distância entre sujeito e objeto, como a que separa o espectador do espetáculo ao qual assiste. Este remanejamento submete a verdade a duas condições imperativas. Em primeiro lugar, o sujeito que conhece vai se encontrar numa posição de *sobrevôo*[2] e exterioridade em relação ao objeto a ser conhecido. Em segundo lugar, o corpo, as coisas e os seres serão postos entre parênteses. Fora do espaço, fora do campo de percepção; este será, como veremos, o lugar de quem conhece. O sujeito passa a ser, de direito, incorporal. É esta mutação que tematiza e orquestra a filosofia de Descartes (1596-1650). Sua tentativa é a de articular estes dois princípios: a dualidade corpo e alma, requerida por uma nova concepção do conhecimento, e a união entre estas duas substâncias no homem.

De saída, a filosofia cartesiana induz a uma atitude — a um modo de ser e de habitar o mundo e o corpo — ordenada ao redor do conceito de *representação*. Representação designa uma presença segunda, uma re-apresentação, que sucede a uma primeira relação com o mundo. Implica uma posição de exterioridade relativamente ao que se apresenta. Além disto, representação designa o conteúdo do pensamento. Estes três sentidos fazem sistema. O pensamento somente retém do mundo aquilo de que pode se apropriar, incorporando-o à sua própria substância. Do mundo, o pensamento apenas conhece sua representação. A filosofia cartesiana é dominada por esta lógica da representação: só assim as coisas podem ser conhecidas. Aquele que pensa não está apoiado sobre o mundo, mas sobre si mesmo, sobre seu próprio poder de conhecer. A subjetividade cartesiana será o *eu* representando-se si mesmo e o mundo, alma que prepondera sobre o corpo.

O MÉTODO

No momento em que o mundo se esconde, é preciso buscar um novo fundamento. Não há mais apoio, não há mais o que guie o acesso à verdade. Uma vez que as coisas não mais sustentam o conhecimento, a garantia deve ser procurada no próprio homem, no próprio pensamento (a isso se deve privilegiar; apenas a seguir é possível conhecer o mundo). Mas o que, em quem conhece, participa do absoluto e assegura a possibilidade de um fundamento estável? É justamente esta busca do absoluto que marca toda a *démarche* cartesiana. Nada garante que uma representação seja correta e corresponda verdadeiramente às coisas. A isto se deve buscar: algo que, incontestavelmente, se possa ter como verdadeiro. As evidências devem ser apodíticas, irrecusáveis, imbatíveis.

Contudo, algo permaneceu de pé, como uma construção sólida e clara: as matemáticas. Ainda que limitadas a um pequeno campo de aplicações, o importante é que implicam num retorno do pensamento sobre si mesmo. Por isso, representam o modelo, por excelência, de um *método* que não pretende, como antes, acolher passivamente a verdade vinda do exterior. A fonte deste método não são, portanto, os objetos exteriores, mas as operações próprias do pensamento. Seu objetivo inicial consiste em guiar o espírito no exercício das duas operações fundamentais: a intuição e a dedução. Tanto uma, quanto outra manifestam o poder de distinguir o verdadeiro do falso, constituem a *razão* que o espírito tem por natureza.³

A função deste método é pôr em ordem os objetos a serem conhecidos, dispondo-os em séries de acordo com sua complexidade, de modo que as naturezas mais simples, das quais dependam os outros conhecimentos, sejam evidenciadas. Noutras palavras, as questões complexas devem ser analisadas, orientando a atenção para o mais simples, apreendido pelo espírito por intuição. A dedução vem a seguir: os conhecimentos mais complexos, ligados aos mais simples por uma série de relações apreendidas pela intuição, serão deduzidos espontaneamente. No *Discurso do método*, estes são os três preceitos que constituem o essencial do conhecimento: a evidência, a análise (ou divisão) e a dedução (ou composição).⁴

A DÚVIDA

Além de seguir o método, aquele que quer conhecer deve se afastar do que remete aos corpos, pois deles emanam apenas erros e ilusões. O mundo deve ser despido de suas qualidades sensíveis, pois elas não revelam a natureza do ser. Representar o mundo é tarefa para um pensamento desencarnado e distante, isolado do que possa atrapalhar sua atenção clara e distinta. O risco de se ficar preso à representação seria inevitável se não se supusesse que, para além da representação, há um mundo a ser conhecido, ainda que através de operações determinadas e rigorosas. Contudo, representação continua sendo representação *de* mundo. Apenas, é preciso fundar as ciências, assentá-las sobre princípios e causas primeiras que escapem à mera representação subjetiva. O instrumento desta busca de certezas é a famosa *dúvida*, cuja intenção é encontrar aquilo que, na ordem do conhecimento, é absolutamente primeiro e fundamental.

De onde se poderia retirar esta verdade primeira? Podem-se distinguir dois modos de conhecer: a razão e os sentidos. Uma vez que estes últimos podem ser enganosos, não há critério algum que permita separar a verdade do erro. É preciso suspender qualquer juízo: não apenas os sentidos enganam acerca da essência das coisas, como, sobretudo, podem enganar acerca de sua existência. Descartes propõe que nada escape à dúvida: "(...) uma vez que a razão já me persuade de que não devo menos cuidadosamente impedir-me de dar crédito às coisas que não são inteiramente certas e indubitáveis, do que às que nos parecem manifestamente falsas, o menor motivo de dúvida que eu nelas encontrar bastará para me levar a rejeitar todas."⁵

Como este argumento talvez não seja suficiente para impor a dúvida a todas as percepções sensíveis, segue-se ainda outro: como ter certeza de que tudo não passa de um sonho? O segundo argumento estende a dúvida a todo conhecimento sensível, ou, no mínimo, a seu conteúdo. Mas, também este argumento encontra seu limite: ainda não é possível duvidar das naturezas simples, componentes das percepções e objeto das matemáticas. Surge, então, a necessidade de mais outro argumento que abale estas certezas naturais: o célebre *malin génie*.

> "Suporei, pois, que há não um verdadeiro Deus, que é a soberana fonte de verdade, mas certo gênio maligno, não menos ardiloso e enganador do que o poderoso, que empregou toda a sua indústria em enganar-me. Pensarei que o céu, o ar, a terra, as cores, as figuras, os sons e todas as coisas exteriores que vemos são apenas ilusões e enganos de que ele se serve para surpreender minha credulidade."[6]

Nota-se que a dúvida cartesiana é metódica, pois necessita-se dela previamente. É também universal na medida em que é preciso duvidar de tudo o que possa ser posto em dúvida. Radicaliza-se no momento em que propõe tomar como falso tudo o que for duvidoso. De saída, a dúvida é negação: é de tal modo hiperbólica que implica numa suspensão do juízo, visto que o mais provável é tomado como o mais manifestamente falso.[7]

Descartes amplia a dúvida ao máximo, entregando-se a ela para daí retirar sua força. Se permanecesse somente no interior da consciência, onde a ciência aparece como representação, nada garantiria esta representação possuir um correspondente no mundo objetivo, nem mesmo a máxima clareza ou o perfeito encadeamento lógico. O *malin génie* cria, assim, sobre o universo científico, a ameaça dele não ser mais do que uma ficção, uma criação puramente subjetiva. No entanto, na medida em que a dúvida se estende maximamente, ela manifesta seu limite e pode ser superada.

A cada nível de conhecimento em que é aplicada, a dúvida extrai um núcleo de certeza crescente na proporção de sua radicalização. É assim que a primeira certeza se revela: *se duvido, penso*. Quanto mais se duvida, mais esta certeza se repete, reforçando-se. Eis o primeiro elo na cadeia de razões, inaugurando a série. A dinâmica inerente às séries de termos dispostos racionalmente leva à inevitável explicitação do que está contido nesta primeira certeza. Leva ao *Cogito*: *penso, logo sou*.[8]

A dúvida cartesiana, ao mesmo tempo que desvela a essência mais íntima do pensamento — a liberdade como possibilidade de distanciamento relativamente ao mundo e a tudo o que, no homem, traga a marca da passividade — prepara um espaço de autonomia a ser conquistado. O homem é feito um espectador que assiste, de fora, ao espetáculo do mundo. Enraizando o ser na representação, Descartes conclui: "Não há, pois, dúvida alguma de que sou, se ele me engana; e, por mais que me engane, não poderá jamais fazer com que eu nada seja, enquanto eu pensar ser alguma coisa."[9]

O método revela-se eficaz. O exercício da dúvida faz surgir uma verdade indubitável: a existência daquele que duvida. Esta certeza primeira é, de um só lance, exceção à dúvida universal e sua condição. Sob pena de negar-se a si própria e desaparecer, a dúvida não pode atuar sobre a existência daquele que duvida. A primeira verdade — *eu sou, eu existo* — é, assim, uma verdade existencial pelo seu conteúdo: revela a pura existência do eu, sem nada dizer sobre sua essência. É também racional, pelo modo como é descoberta, deduzida do fato de duvidar. Por não se tratar de um silogismo, esta verdade é intuitiva. Toda a existência do eu aparece dada neste instante, como absolutamente dependente do pensamento. Mas, o reconhecimento da existência de si precisa-se em conhecimento de si como coisa pensante. Para Descartes, a subjetividade coincide com o *eu* consciente de si que representa e pensa. Começa a revelar-se a natureza do homem. Graças à dúvida, pode-se hierarquizar seus diferentes aspectos, isolando o que o homem é: alma, e não corpo.

O COGITO

O Cogito tem um duplo sentido. De um lado, apresenta-se como paradigma para as intuições que deverão suceder-se numa visão clara da realidade. De outro, repercute no plano metafísico, pois significa o encontro, pelo pensamento, de algo que subsiste, de uma *substância*. O desdobramento que segue, naturalmente, do *penso, logo sou* é *sou como coisa pensante*. Do pensamento ao ser que pensa, é um grande salto sobre o abismo que separa a subjetividade da objetividade. Exíguo domínio da objetividade, este aqui alcançado, apenas a substância pensante, a *res cogitans*. Eis a única certeza contida no Cogito: não posso duvidar que duvido pois, se duvido, penso e se penso, sou. É o pensamento refletindo a si próprio, identificando, num único movimento, ser e pensar. A passagem do *eu penso* ao *eu sou* se completa à luz da evidência: o ser está todo contido no pensamento, na possibilidade de representar.

Aqui, a representação instaura a contemporaneidade entre ser e pensar. Se o ser do homem é dado pelo pensamento, ele é contemporâneo do que o faz ser. Neste movimento, presença sempre imediata do pensamento, seu ser reside e se esgota. O único tempo possível é o presente. Nada transborda o aqui e o agora: não há passado nem futuro. Não há que se buscar em tempos idos ou vindouros a verdade do homem, ela está sempre dada no imediato da representação. Toda a diferença de tempo se anula entre a idéia e a alma que a forma enquanto sujeito. As representações são ao mesmo tempo que a alma. Porém, há sutilezas neste tempo sempre presente. O ser do homem é dado no momento em que ele pensa, ou antes, a cada instante em que pensa. Estabelece-se uma instantaneidade entre ser e pensar.[10] Mas o que reúne estes momentos nos quais o homem *pensa*, e portanto *é*, é a *consciência*. Dobrando-se sobre si, o pensamento adquire unidade. Nada há que lhe escape, nem passado, nem futuro e nem o próprio ser. A subjetividade cartesiana é chapada no presente, sem volume, sem jogo de sombra e luz. Aí está sua verdade, sua possibilidade de existência.[11]

O Cogito, enunciando sua própria verdade, traz uma tripla conseqüência. A primeira diz respeito ao conhecimento de si: é como *alma*, não como corpo, que é possível conhecer-se. A segunda decorre da primeira e se refere ao fundamento do conhecimento dos corpos: o *pensamento puro*. Contudo, a atividade do Cogito não basta para edificar a verdade e nem para estabelecer a distinção real entre alma e corpo. É preciso descobrir ainda outro princípio, outra garantia. A prova da existência de Deus é a terceira conseqüência do Cogito.

Até lá, até que a existência de Deus seja provada e elimine a sombra do gênio maligno, o que o homem pode conhecer sobre si mesmo, sem risco de engano e de acordo com o exame imposto pela dúvida? Apenas a alma pode ser conhecida de modo seguro, pela enumeração de suas propriedades na sua união ao corpo. Porém, se a realidade do corpo é incerta, também o é a realidade das propriedades da alma que expressam sua ligação a um corpo. Só o que subsiste é o pensamento que pensa a si mesmo: a *consciência de si*. Mas, também o conhecimento de si não possui garantia de verdade: posso enganar-me sobre mim, assim como me engano sobre as coisas. Voltamos à dúvida.

A dúvida nos permitiu uma dupla distinção: entre alma e corpo e, relativamente à alma, entre o que se liga ao corpo e o que é puro pensamento. Este duplo processo de discriminação isola no eu um núcleo de autonomia irredutível: o *sujeito puro do pensamento*. Descobre-se, neste momento, como pura verdade, a *interioridade* da subjetividade, o para si, o poder da consciência de se redobrar sobre si mesma, dissociando-se do mundo. Os corpos, os seres e as coisas estão, por hora, em suspenso.

Contudo, sei apenas que sou, não o que sou. A noção e o conhecimento de mim mesmo não dependem das coisas cuja existência continua ignorada. A única conclusão possível é que me conheço como alma antes de me conhecer como corpo. Isto evidencia um princípio segundo o qual conhecimento e realidade não dependem do mundo exterior. Este princípio é a *razão*. Ele constitui minha interioridade, isolando-me do mundo. "Mas o que sou eu, portanto? Uma coisa que pensa. Que é uma coisa que pensa? É uma coisa que duvida, que concebe, que afirma, que nega, que quer, que não quer, que imagina também e que sente."[12] O pensamento se desdobra numa multiplicidade de modos nos quais se exprime a sua natureza e, portanto, o ser do homem. Ora, o denominador comum destes modos é o *pensamento*. Desvela-se, assim, uma *substância*, concebida por si mesma sem referência aos corpos, e cujos modos só podem ser por ela concebidos. Estas representações pertencem ao domínio da evidência do Cogito, já que só se dão pela consciência ou pensamento.

Voltando à dúvida, esta não invalida a existência das representações. Apenas suspende, momentaneamente, a existência dos corpos como causa das representações que o pensamento faz deles. A dúvida relativa ao mundo exterior faz aparecer o universo da *subjetividade* e da *consciência*, identificadas uma a outra. Estas vão se revelar como fundamento e condição do conhecimento dos corpos. Lá onde se pensava descobrir os corpos, é o próprio eu que se revela como potência de pensar. Conhecer os corpos é, neste momento, conhecer as determinações do próprio sujeito pensante. Assim, antecipando a realidade a conhecer, o pensamento fixa as condições subjetivas deste conhecimento: os corpos devem ser regulados pelas leis do pensamento.

A essência do pensamento reside no poder de conceber o *infinito* — já que ele pode conceber uma infinidade de formas de um pedaço de cera, como ilustra Descartes — que depende do entendimento. Os modos do pensamento, não são apenas conscientes como, sobretudo, participam do ato de reflexão. O *eu* do *eu penso* é, antes de tudo, um retorno sobre si mesmo; retira-se do mundo para colocar seu objeto. Tanto quanto conhecido, o corpo só tem realidade pela autoridade do juízo do eu pensante. O conhecimento é um espetáculo, uma representação ordenada em torno e a partir de um espectador.

Descartes nos dá um divertido exemplo:

> "(...) se por acaso não olhasse pela janela homens que passam pela rua, à vista dos quais não deixo de dizer que vejo homens da mesma maneira que digo que vejo a cera; e, entretanto, que vejo desta janela, senão chapéus e casacos que podem cobrir espectros ou homens fictícios que se movem apenas por molas? Mas julgo que são homens verdadeiros e assim compreendo, somente pelo poder de julgar que reside em meu espírito, aquilo que acreditava ver com meus olhos."[13]

Com efeito, pensar é reconduzir o múltiplo à unidade e permanência, graças às quais o eu pensante pode dominar a dispersão do sensível e aí se reencontrar. Em Descartes, a unidade do *eu penso* impõe à representação dos corpos sua unidade e sua permanência. Não é o corpo exterior que projeta sua imagem no espírito via órgãos sensoriais. Ao contrário, é o espírito que impõe a forma de um corpo à multiplicidade de impressões sensíveis.

Entretanto, o Cogito não basta para fundar o conhecimento. Contrariamente ao que se crê, o *eu* do *eu penso* não é a medida de todas as coisas, no homem ou fora dele. Ser condição de conhecimento não equivale a ser garantia. Ainda que o Cogito me certifique que sou, não me assegura a verdade do que está fora de mim, nem mesmo do que sou verdadeiramente. É necessária outra garantia, além do Cogito. A veracidade divina permitirá, descartando a hipótese do gênio maligno, assegurar a correspondência entre a representação e o ser.

Se a única certeza é a da existência de si como ser pensante, uma reflexão sobre este gênero de pensamento — as idéias que me representam qualquer coisa — talvez permita saber se, no mundo, há existências outras. A teoria cartesiana da idéia prepara o terreno para a prova da existência de Deus. Somente num conteúdo interno à consciência, pode-se descobrir uma idéia que obrigue a postular outra existência, pois as idéias não podem ter quem as pensa como seu autor: é preciso atribuir-lhes uma causa exterior.

Entre minhas idéias, tenho a idéia de infinito. Eis a ponte que conduz do conceito de *eu* ao conceito de *Deus*. Do ponto de vista da forma, as idéias são determinações do pensamento. Do ponto de vista de seu conteúdo objetivo, daquilo que representam e do modo como representam, elas possuem algo da realidade. Portanto, é preciso que a idéia de infinito tenha sido posta em mim por um ser que possua formalmente (tal como represento) ou eminentemente (numa forma superior) a perfeição expressa pela minha idéia. Este ser perfeito é Deus, a quem conheço pela idéia dele que foi posta em mim. Esta é a prova por causalidade, expressão da abertura da consciência para outra coisa além de si. Em seguida, Descartes afirma ser Deus a causa do próprio sujeito que tem a idéia de Deus. Assim, justo pelo contraste entre a finitude do ser humano e o infinito do qual ele tem a idéia, surge a evidência da existência de Deus. Ambas as provas apresentam uma unidade: Deus é a causa de um ser finito que pensa o infinito. A terceira prova diz que, mais do que uma relação necessária, há uma identidade: pensar Deus é pensá-lo existente. E, se Deus existe, as concepções claras e distintas são verdadeiras.[14]

A prova da existência de Deus engendra duas conseqüências importantes. A primeira diz respeito à relação entre ser e conhecimento. Se o Cogito aparece como condição de conhecimento de todo ser — incluindo o Divino —, inversamente, Deus é a condição do ser do Cogito e de todas as suas idéias. A continuidade da reflexão sobre o ser, expressa no encadeamento das razões, traz à luz o fundamento ontológico do conhecimento humano. Aqui, dois aspectos se articulam para caracterizar a concepção cartesiana da ciência. A referência a um método centrado no sujeito consciente de sua finitude, e a dependência do Cogito relativamente a uma causa divina que o criou e o mantém existente. Fonte de todo o ser e de toda a verdade, Deus funda, na unidade de seu ato criador, o acordo entre pensamento e ser. Segunda conseqüência: a dissolução da hipótese do gênio maligno. Deus existe como ser perfeitíssimo, portanto, bom e veraz. Não se pode atribuir-lhe o erro e o engano. Destes, apenas eu sou o responsável. E, ainda que, como sujeito do conhecimento, não possa fundar a verdade, posso ao menos evitar o erro. O infinito sustenta, mediando-as logicamente, duas finitudes: a do pensamento e a do mundo físico.

No entanto, se o sujeito do conhecimento é depositário do saber, ele não é nem seu proprietário, nem sua causa. A dissimetria entre pensamento humano finito e a incompreensibilidade do entendimento divino deve ser mantida. Como Deus é bom, a imagem que o espírito faz do mundo exterior não é uma ficção apoiada nos dados sensíveis. Assim, as idéias da geometria (ou as naturezas simples) adquirem estatuto de essência dos corpos, e a distinção entre corpo e alma assume um valor real. Mas, resta provar as idéias menos claras, provenientes dos sentidos, para daí retirar um valor objetivo. Este exame fará aparecer um novo domínio: o da união entre corpo e alma

A UNIÃO ENTRE ALMA E CORPO

Sendo a alma conhecida antes do corpo, não significa que o homem seja puro pensamento. Ao contrário, o homem é a união de fato entre corpo e alma, entre duas substâncias cuja distinção foi autenticada pela veracidade divina. Essa união apresenta dois aspectos básicos: o corpo é distinto da alma, e esta alma desencarnada é o sujeito pensante. A esfera da união entre corpo e alma constitui a humanidade em sua existência concreta. Entretanto, como esta união é possível, uma vez que a distinção implica uma perfeita subsistência de cada substância? Esta é toda a questão de Descartes.

Por um lado, os movimentos dos corpos seguem as leis da extensão sem que seja necessário supor uma tendência espiritual que os anime. Por outro lado, a percepção sensível, embora pareça revelar a ação de um corpo sobre os sentidos, é pensamento, porque implica uma reflexão que, mesmo confusa, não ultrapassa os limites do Cogito. A alma, como pensamento que conhece, não sai de si mesma. Contudo, a esfera da união entre corpo e alma fez aparecer uma ação recíproca entre as duas substâncias, delimitando um domínio particular e distinto do conhecimento puro e da existência física. Este domínio Descartes chama de *natureza*, no seu sentido amplo: o conjunto das coisas que Deus deu ao homem como sendo composto de espírito e de corpo. A questão é como situar este domínio relativamente ao da alma e do conhecimento, o que coloca o problema da existência dos corpos exteriores e do corpo próprio. Em seguida, é preciso definir a ação do corpo sobre a alma e, por sua vez, da alma sobre o corpo. Só então será possível compreender as dificuldades que envolvem a idéia desta união.

A veracidade divina fundou, como vimos, as matemáticas. A geometria recebeu o estatuto de essência das coisas. Mas, assumi-las como verdades não equivale a fundar o valor objetivo do mundo físico. As matemáticas se aplicam somente à essência possível dos corpos, ao seu caráter geométrico, e não a sua existência real e concreta. Assim, Deus é o critério imanente de verdade apenas sobre as essências, não sobre a existência dos corpos. Esta permanece relegada aos confins do conhecimento, pois não pode ser apreendida do mesmo modo que a essência. A existência diz respeito, não a uma determinação teórica, mas a fatos que só podem ser constatados, se o eu pensante for capaz de sair de si mesmo na direção do mundo. Se a essência pode e deve ser conhecida por uma inspeção do espírito, o conhecimento da existência exige uma abertura ao mundo exterior, projetando o eu para fora de si mesmo e obrigando-o a reconhecer-se como unido a um corpo.

Num mesmo movimento, descubro-me como encarnado e reconheço a existência de um corpo fora de mim. Mas, a existência dos corpos traz um duplo paradoxo. Por um lado, para uma consciência irrefletida, a prova é supérflua, já que, no momento em que crê ver ou tocar os corpos, sua existência se impõe com a força da evidência. Por outro lado, esta prova, apesar de necessária pelo caráter confuso das idéias sensíveis, parece inacessível na medida em que todo conhecimento encerra o sujeito dentro dos limites da subjetividade.

Na *Meditação Sexta*, Descartes aborda o homem empírico, espírito e corpo, que vive o mundo e no mundo. Para o entendimento, a existência dos corpos é apenas possível, uma vez que Deus pode produzir tudo o que o espírito concebe com clareza. Mas, como a própria potência e vontade divinas escapam ao conhecimento, a existência dos corpos não pode ser provada via reflexão. Ela se torna provável somente pela imaginação, através da qual vejo os corpos como coisa exterior. No entanto, a prova propriamente dita só vem da esfera do sentimento, da faculdade de sentir: vejo, ouço, sinto que um corpo existe. Nota-se que a busca da existência segue uma direção contrária à busca da essência (tal como na célebre análise do pedaço de cera): vai do entendimento à sensação, à faculdade de sentir, e não o inverso. Podemos dizer que, se do ponto de vista do entendimento os sentidos foram desvalorizados, agora eles se acham restituídos de seus direitos. Somente através deles, pode-se chegar à prova da existência dos corpos. Não se trata, todavia, de retornar às certezas do senso comum que dizem serem os corpos tal e qual a imagem que se faz deles. As sensações não são cópias, mas sinais das coisas que as produzem. Sendo o pensamento reflexão, é preciso isolar no sensível informações específicas que lhe pertençam e examinar o valor de verdade que possam ter.

Neste sentido, Descartes propõe uma série de argumentos. O primeiro diz que posso conhecer-me sem o corpo. Sendo Deus veraz, minha alma é verdadeiramente distinta de meu corpo; ela pode ser e existir sem ele. Ora, a faculdade de sentir é também um modo de ser: segundo argumento. O que caracteriza o modo de ser do pensamento é uma certa passividade — não depende de mim sentir o que sinto. Uma vez que o entendimento é presença a si, sentir é ser afetado, receber uma impressão: eis o terceiro argumento. Porém, não há passividade sem uma faculdade ativa que lhe corresponda: quarto argumento. Descartes prossegue: "Ora, essa faculdade ativa não pode existir em mim enquanto sou apenas uma coisa que pensa, visto que ela não pressupõe meu pensamento, e, também que essas idéias me são freqüentemente representadas sem que eu em nada contribua para tanto e mesmo, amiúde, mau grado meu; (...)."[15] Este é o quinto argumento: todo pensamento é consciente. Ora, não tenho consciência de produzir, enquanto pensamento, a sensação que experimento. Assim, o simples fato da sensação se impor apesar de mim basta para assegurar que sua causa é exterior ao meu espírito. Daí, duas possibilidades: ou esta causa ativa é de natureza corporal e contém formalmente a realidade encontrada objetivamente nas idéias; ou contém esta realidade de modo eminente. Neste último caso, Deus é a causa das idéias: sexto argumento. Entretanto — sétimo argumento — experimento "(...) ao contrário, uma fortíssima inclinação para crer que elas me são enviadas pelas coisas corporais ou partem delas (...)."[16] Se Deus não proporcionou modo algum de reconhecer e evitar o erro, então, estamos diante de uma verdade, a existência dos corpos: oitavo e último argumento — "(...) não vejo como se poderia desculpá-lo de embaimento se, com efeito, essas idéias partissem de outras causas que não coisas corpóreas, ou fossem por elas produzidas. E, portanto, é preciso confessar que há coisas corpóreas que existem."[17]

Este encadeamento de argumentos, ainda que, exposto aqui de modo abreviado, faz-nos ver como estamos num domínio bem diverso que o do conhecimento propriamente dito. O Cogito delimita uma esfera de autonomia onde a subjetividade é presença a si. Por outro lado, a prova da existência dos corpos repousa no fato de que a idéia sensível implica uma *passividade*, índice de uma causa que escapa ao eu. De modo que a idéia sensível é a consciência do que transborda a própria consciência. O sensível é efeito de uma causa exterior, engendrando uma inclinação[18] a supor uma existência fora do pensamento.

O principal resultado da análise cartesiana é a dissociação entre a percepção da existência e o conhecimento da essência. Sinto a existência dos corpos, mas só chego a conhecer sua essência pelo entendimento. O que nos importa é que, entre a substância pensante e a substância extensa — cuja diferença é mostrada pelo entendimento —, os sentidos atestam haver uma unidade real, talvez substancial. Assim, os sentidos não apenas permitem reencontrar o mundo, mas também, o verdadeiro homem, espírito e corpo. Provando a existência dos corpos, acedemos a um domínio que transborda o do conhecimento. A idéia sensível, que é um modo do pensamento, é índice de uma exterioridade — ação de um corpo exercendo uma imposição através da passividade da alma. Estas idéias sensíveis diferem da reflexão, pois suscitam uma inclinação onde se exprime a voz da natureza. Escutando-a, chego ao domínio da união entre corpo e alma.

"A natureza me ensina, também, por esses sentimentos de dor, fome, sede, etc., que não somente estou alojado em meu corpo como um piloto em seu navio, mas que, além disso, lhe estou conjugado muito estreitamente e de tal modo confundido e misturado, que componho com ele um único todo. Pois, se assim não fosse, quando meu corpo é ferido não sentiria por isso dor alguma, eu que não sou senão uma coisa pensante, e apenas perceberia esse ferimento pelo entendimento, como um piloto percebe pela vista se algo se rompe em seu navio..."[19]

A união entre corpo e alma, além de verdadeira, constitui uma totalidade à parte. Descartes nos diz ser a substância o que se conhece por si, o que não requer outra causa, exceto Deus, para existir e o que basta para explicar os modos que dela se deduzem. Assim, o aspecto propriamente qualitativo do sentimento não pode ser explicado pela natureza da alma. Ora, os sentidos ensinam a existência dos corpos, a minha ligação a um corpo próprio e que tal ligação não é exterior ou acidental, mas uma união verdadeira. As duas substâncias estão fundidas até se confundirem. E, se as idéias sensíveis são obscuras, não é porque representam mal o objeto, mas porque não o representam. A afecção que exprimem é uma alteração do próprio eu. A obscuridade do sensível não é marca de privação de luz, de falsidade fundamental dos sentidos; é índice de sua verdadeira função: assegurar, de modo quase instintivo, a conservação do corpo. Deste modo, a verdade do sensível difere radicalmente da verdade do entendimento. Se a última permite o conhecimento do mundo como representação, a primeira faz viver o mundo, como alma misturada a um corpo afetado por outros corpos.

Contudo, a união entre corpo e alma não impede a idéia clara e distinta do espírito como uma coisa completa. O problema é que Descartes diz existirem três noções primitivas (o corpo como extensão, a alma como pensamento e a união entre corpo e alma), e não três substâncias distintas, o que faz diferença. E, se não há três substâncias, como explicar o próprio homem, a união entre corpo e alma? Duas substâncias totalmente heterogêneas não podem agir uma sobre a outra. Que um corpo possa afetar outros corpos não constitui problema, já que se trata da mesma substância. Mas, como corpo e alma podem se afetar mutuamente? Esta questão, não se consegue resolvê-la dentro da própria filosofia cartesiana.[20]

De qualquer modo, a relação entre corpo e alma se dá no sentido da preponderância da alma sobre o corpo. Este é o caminho da verdade e da virtude. Ainda que unido substancialmente a um corpo, é o espírito que dá a este corpo sua forma substancial. A alma é a substância completa que constitui a sua união com o corpo. A parte deste corpo à qual a alma está mais estreitamente ligada é, segundo Descartes, a glândula pineal — sede da alma. Ainda assim, estas duas substâncias permanecem irredutíveis uma a outra e o problema continua: a glândula pineal é *res extensa*, morada da alma, *res cogitans*. Como se pode fazer esta articulação entre espírito e corpo, subsistentes por si mesmos? O que importa aqui é que, apesar dos problemas inerentes a esta união, cabe à alma governar suas paixões originadas no corpo.[21]

As paixões são fenômenos que se passam no plano da união entre corpo e alma. À vontade cabe esforçar-se para procurar os melhores juízos possíveis (o que depende do entendimento, portanto, da razão) e agir de acordo com eles. Esta é a função da moral cartesiana: é preciso combater as paixões. Quando estas forem fortes o bastante, não podendo ser combatidas, deve-se não consentir em seus efeitos e não realizar os movimentos aos quais elas incitam o corpo. Não se pode deixar invadir e dominar a consciência pelas representações de uma paixão que agita fortemente o espírito. É preciso reter os movimentos aos quais ela arrasta o corpo. A principal utilidade da moral é, portanto, o governo das paixões e a direção dos desejos. É necessário evitar excessos e deficiências que perturbem o equilíbrio de nossa natureza. A vida moral só pode ser alcançada pelo esforço de bem agir, segundo os melhores juízos possíveis. Depende, assim, da vontade, da liberdade e do entendimento. Novamente o que se marca é a autonomia da razão. O eu cartesiano é, apesar de unido a um corpo que o afeta, razão. Fora do tempo e fora do mundo, o pensamento retorna sobre si constituindo uma reflexividade — eu consciente de si.

SUJEITO CARTESIANO E SUJEITO FREUDIANO

Não se trata de discutir se Descartes tinha ou não razão, mas de circunscrever de que modo a subjetividade se produz dentro e a partir de sua filosofia. Preocupamo-nos aqui em definir, ou antes, acompanhar Descartes na construção de um conceito, levando-se em conta (não poderia ser de outro modo) os seus pontos de imbricação com outros conceitos. É importante frisar que só se pode pensar os conceitos cartesianos na sua relação com os problemas aos quais respondem, pois "um conceito tem sempre a verdade que lhe advém em função das condições de sua criação."[22]

O procedimento cartesiano visava encontrar um ponto de referência estável em torno do qual a verdade pudesse ser erigida. Na medida em que foi identificado ao eu pensante (consciência ou razão), "o ponto fixo tornou-se ponto de vista".[23] O eu passou a ocupar o centro, tornando-se a referência central a partir da qual a verdade e a ordem natural podiam ser encontradas, pois o mundo e as coisas pareciam possuir, por natureza, leis próprias que deviam ser devidamente conhecidas por uma consciência clara e atenta. Nada, nesta consciência — que definia o próprio ser do homem — fazia questão; nada havia a interrogar ou problematizar, pois a representação capturava e revelava o ser e suas leis, ordenando o mundo.

Assim, o *eu penso* e o *eu sou* se uniam à luz da evidência — a representação fundava o próprio ser do homem.[24]

Desse modo, Descartes institui um plano cujo ponto de apoio é cogito e no qual nada escapa à representação. A alma, independente e autônoma, permite o acesso à verdade, desde que haja método; o corpo é apenas fonte de ilusões e enganos. É claro que, neste contexto, não havia lugar para um sujeito definido pela indeterminabilidade, instabilidade e diferença relativamente ao eu, como a psicanálise propõe dois séculos depois. Descartes e Freud constróem planos diversos nos quais cada conceito adquire um contorno específico pela relação aos outros conceitos e aos problemas a partir dos quais eles surgem.

Certamente, o sujeito psicanalítico não poderia ter surgido duzentos anos antes de seu nascimento efetivo, uma vez que uma de suas condições de possibilidade é uma interrogação sobre o próprio homem. Para que isto aconteça é preciso, inicialmente, que a aliança entre o cogito e Deus, garantia de sua estabilidade, seja desfeita. Ao afirmar a impossibilidade e a irrelevância das provas da existência de Deus, a filosofia de Kant postula que a fundamentação do conhecimento deve ser buscada naquele que conhece e apenas nele. Inaugurando um plano de pensabilidade próprio, Kant faz surgir um novo elemento no cogito: o *tempo*. A partir daí, a dimensão histórica, excluída do cogito cartesiano, marca o modo como o homem percebe a si mesmo; o tempo torna-se a forma por excelência da percepção interna. Introduzido no cogito, o tempo dispersa e aliena o sujeito de si mesmo, cindindo-o em seu centro num eu ativo, transcendental e atemporal, e num eu passivo e fenomenal que está no tempo.[25] Mas, porque a questão ainda é a da validade do conhecimento, este eu deve garantir a identidade daquele que conhece, constituindo toda e qualquer percepção como percepção para um sujeito. Portanto, o próprio tempo assim introduzido deve se apoiar nesta consciência una e transcendental que nos é oferecida pela filosofia kantiana.

De qualquer modo, o cogito cartesiano pode ser apontado como uma abertura inicial para a postulação do sujeito psicanalítico. Embora o conceito de inconsciente só possa ser formulado duzentos anos depois, o cogito cartesiano oferece uma espécie de matriz subjetiva para o advento do sujeito da psicanálise. O solo no qual ela surge começa a ser aplainado e, pouco a pouco, alguns elementos básicos vão sendo formulados, assim como vão aparecendo problemas e questões a partir dos quais será possível construir conceitos novos. Um destes problemas, a formulação do corpo e da alma como substâncias diferentes e independentes, permitirá e exigirá a construção de um conceito que possibilite uma articulação entre estes dois registros, sob pena de ver o sujeito reduzido unicamente a um ou ao outro.

Num primeiro momento, o conceito de *representação* e o de *inconsciente* orquestram a construção freudiana e marcam sua diferença relativamente aos herdeiros de Descartes. Apenas num segundo momento, o registro do corpo como fonte de potência adquire relevância e o conceito de *pulsão*, sobretudo o de pulsão de morte, sublinha definitivamente o novo plano de pensabilidade inaugurado por Freud. Neste plano, ao contrário da filosofia cartesiana, corpo e alma não são substâncias, nem são independentes e autônomos um relativamente ao outro. Na medida em que a pulsão aparece como uma espécie de espaço virtual entre estes dois registros, o sujeito não pode mais ser reduzido à alma, pois também é um corpo do qual parte uma exigência de trabalho incessante, uma força que exige movimento. O eu é apenas uma imagem, uma pequena parte do que é possível pensar, e não a verdade deste sujeito. Por isso, Lacan pode dizer que "na medida em que se opera a identificação do ser a sua pura e simples imagem, não há tampouco lugar para a mudança, (...)".[26] Em psicanálise, o sujeito é precisamente esta mudança, pois nenhuma representação, nenhum significante é capaz de apreendê-lo completamente.

Entretanto, mesmo que, em Freud, as noções de *eu*, de *consciência*, de *corpo* e de *representação* sejam absolutamente diferentes do que são em Descartes, mesmo que a psicanálise subverta o cogito, o pano de fundo começa a ser montado. Daí Lacan propor que se traga o sujeito cartesiano para os fundamentos da psicanálise, afirmando ser justo dele que se trata.[27] Mas não é tão simples assim; certamente, o sujeito psicanalítico é outro. Neste sentido, é interessante averiguarmos a proposta de Lacan como pontos de convergências e divergências simultâneas entre os empreendimentos cartesiano e freudiano.[28] Mais exatamente, trata-se de mostrar até que ponto a experiência cartesiana da dúvida se inscreve numa perspectiva que também orienta a busca de Freud, já que, é em direção ao 'sujeito da certeza', que convergem os procedimentos cartesiano e freudiano.[29] Mas, é também neste ponto que eles se separam.

Em Descartes, como vimos há pouco, a certeza de si aparece no ponto mais agudo, mais extremo da hipérbole da dúvida: a indubitabilidade do ato de duvidar institui a certeza de si do sujeito. A asserção *eu duvido* dá ao *penso, logo sou* seu valor apodítico — porque duvido, estou certo de que penso, e porque penso, estou certo de que sou, diz-nos Descartes. Do mesmo modo, Freud também está seguro de que há um pensamento onde a dúvida se apresenta. A diferença é que, neste caso, o pensamento é inconsciente e, como tal, ausente. Lacan esclarece: "em suma, Freud está seguro de que esse pensamento está lá, completamente sozinho de todo o seu 'eu sou', se assim podemos dizer, (...)".[30] Se, de um lado, o sujeito cartesiano descobre a si mesmo como ser pensante na e pela dúvida, por outro lado, o inconsciente, porque remete aos intervalos do discurso, não coloca a si mesmo como ser. Que haja pensamento não significa que a identidade a si do sujeito seja instituída a partir do acesso à verdade de seu ser.

De acordo com a leitura lacaniana do cogito, é pelo *eu sou* que se apresenta a certeza de si do sujeito cartesiano.[31] *Logo sou* é a proposição que qualifica o pensamento como *meu* pensamento e me constitui como ser, ou seja, constitui minha realidade substancial de ser pensante — res cogitans. O *eu sou* vale, assim, como a substantificação do *eu penso*, que se torna uma realidade plenamente presente a si, substancialmente certa. Mas, se este é o passo decisivo dado por Descartes, ele é justamente o que é evitado por Freud. Por isso mesmo, é precisamente o ponto de dissimetria entre ambos.

Em Descartes, pensar assegura a existência daquele que pensa como coisa (ser) pensante, conferindo-lhe, por aí mesmo, uma identidade a si. Diversamente, o sujeito freudiano, não só não é idêntico a si, como se torna sempre outro, na medida em que, para Freud, a representação não é mais o espelho do mundo e o lugar da verdade. Pensar não equivale necessariamente a ser, pois sou também onde não penso, e o fato de pensar não me assegura que eu seja. O sujeito psicanalítico parece ultrapassar os limites cartesianos da representação, posto que sua verdade está noutro lugar.

A partir daí, Lacan aponta para a lógica que separa o *sujeito do enunciado* e o da *enunciação*. O "eu", num enunciado qualquer, apenas representa o sujeito que o enuncia, mas esta representação não reflete aquele que fala, antes é sua produção. Entre o eu enunciado e o sujeito da enunciação a distância é grande e, até mesmo, intransponível, pois nenhum enunciado pode esgotar o ato da enunciação. O sujeito do enunciado e o da enunciação não se recobrem — eis a *Spaltung* (divisão) que marca o sujeito da psicanálise, na qual o eu deve ser pensado como uma objetivação imaginária construída a partir da relação especular a um outro.[32] Ou seja, não somente o eu não revela verdade alguma sobre o sujeito, como sobretudo a relação ao outro é fundamental na sua constituição. O que o eu manifesta é tão somente a imagem do outro à qual me identifico e na qual me reconheço, e que, por isso mesmo é o lugar de minha alienação.

Trazida para este contexto, na fórmula *penso, logo sou*, não haveria enunciado de certeza alguma que pudesse ser previamente estabelecida, pois é somente pela enunciação que a certeza pode advir. Mas é uma certeza assertórica e não apodítica, portanto não revela o ser substancial do sujeito desta enunciação.[33] Analisado logicamente, o *eu penso* seria tão sustentável quanto o *eu minto*, que é, em si mesmo, um paradoxo, nada afirmando a respeito do sujeito.[34]

Ao mesmo tempo, ao fazer uma crítica da substancialização do *eu penso* cartesiano, Lacan indica que o sujeito psicanalítico deve ser pensado segundo a mesma lógica do cogito. A crítica do discurso cartesiano vale como elaboração do discurso psicanalítico: o ato da enunciação apenas fornece a certeza de si como *sujeito de desejo*. Marcando a cadeia significante, o sujeito se produz ao longo da deriva metonímica do desejo: seu lugar só pode ser indeterminado, na medida em que nenhuma representação pode efetivamente representá-lo.[35]

Na intenção de sublinhar que o ser do sujeito não é constituído como uma identidade de consistência significante, Lacan caracteriza o discurso sobre o sujeito com o termo 'pré-ontológico'. Com efeito, a diferença entre o sujeito cartesiano e o sujeito do inconsciente é sua relação com o *real*. Apesar de se instituir como *res cogitans*, como uma substância existente, o cogito cartesiano não se refere ao real. Para o pensamento lacaniano, o real não fornece identidades, pois é um lugar vazio de significantes e determinações. Este lugar vazio, do qual o sujeito advém, não tem consistência substancial.

Desse modo, a identificação do sujeito cartesiano ao *eu* marca uma diferença radical relativamente à psicanálise. Se, em Descartes, o eu ganha o estatuto de substância, definindo o ser do sujeito, em psicanálise, este eu revela apenas as identificações imaginárias que não determinam, de modo algum, o ser do sujeito. O eu se constitui numa relação especular ao outro, como uma imagem à qual me identifico e na qual me reconheço, mas que nada revela sobre o que sou, na medida em que, entre o que eu penso e o que eu sou, há uma hiância fundamental que permite que eu possa ser, a todo instante, outro.

Isto porque esta hiância é o que caracteriza a própria relação entre a representação e o que ela representa. Diferentemente de Descartes, a representação em psicanálise não pode ser definida como imagem especular do mundo, como instrumento de acesso à verdade das coisas, na medida em que a dimensão de uma ordem natural não faz parte do campo psicanalítico. Em Freud, a representação deve ser entendida como uma construção que dá ao mundo e ao próprio sujeito um sentido, colorindo-os com significações diversas sem que nenhuma possa ser apontada como verdadeira. Só o que chega à percepção são intensidades dispersas que serão armazenadas sob a forma de traços para, só então, se organizarem como representações, a partir da relação com a linguagem. Esta é a dimensão na qual e pela qual o eu se constitui como identidade a si, o que permite a Lacan afirmar que o cogito cartesiano não está referido ao real, embora seja instituído como tal, tornando-se o ponto fixo.

Mas, qualquer que seja a crítica que se possa fazer ao procedimento cartesiano e à sua filosofia, não se deve esquecer que um plano determinado permite movimentos determinados dentro deste plano. O franqueamento destes limites implica a construção de um novo plano e a formulação de novos problemas, não existentes anteriormente. O que nos leva, novamente, a perguntar: se o mundo estava, com Descartes, encerrado na representação, seria possível supor algo que escapasse a estes limites? Se o psiquismo ou a subjetividade se identificavam à razão, e se a razão era conhecimento, cabia investigar as leis do conhecimento e sua relação aos objetos que se apresentavam. O homem só era interrogado na medida em que se punha a conhecer o mundo. A questão era a da verdade do conhecimento na sua adequação às coisas. Nesse sentido, a psicanálise era impensável porque, não somente ela nasce de uma interrogação sobre o homem, como, sobretudo, propõe um sujeito radicalmente diferente do eu cartesiano, radicalmente descentrado de qualquer ponto fixo.

NOTAS

1. Sobre o saber no século XVI e as formas de similitude, cf. FOUCAULT, M., *op. cit.*, págs. 32-59.
2. A expressão é de Merleau-Ponty, in LE DIRAISON, S. & ZERNIK, E., *Les corps de philosophes*, Paris: Aubier, 1993.
3. Por intuição, Descartes entende a apreensão imediata, por um ato simples da compreensão, de uma evidência absolutamente indubitável, clara e distinta oferecida à razão. Deduzir é concluir, a partir de certas verdades tomadas como princípios, outras que lhe estejam necessariamente ligadas — necessidade apreendida pela intuição. Assim, deduzir é encadear, continuamente, intuições; distinta da dedução porque esta implica um movimento e uma sucessão do pensamento. A fonte fundamental de todo o conhecimento é, então, a intuição: através dela podem ser conhecidas as primeiras verdades ou princípios. Sobre a intuição e a dedução, cf. BEYSSADE, M., *Descartes*, São Paulo: Ed. 70, 1986, págs. 27-29.
4. Cf. DESCARTES, R., *Le Discours de la Méthode*, Paris: Vrin (Ed. Gilson), 1970.
5. DESCARTES, R., Meditação Primeira in *Os Pensadores*, São Paulo: Abril Cultural, 1979, pág. 85 (as referências às meditações cartesianas referem-se, todas, à esta edição. Citarei apenas à qual meditação me refiro e em que página a referência pode ser encontrada).
6. *Idem*, pág. 88.
7. Para uma análise mais detalhada das características da dúvida, cf. GUEROULT, M., *Descartes selon l'ordre des raisons*, tome I, Paris: Aubier, 1991, págs. 32-50.
8. Há uma pequena diferença entre a forma como o cogito é expresso na quarta parte do *Discurso do método* e na 'Meditação segunda'. No primeiro, encontra-se a proposição *penso, logo sou*; na segunda a proposição é *eu sou, eu existo*. Embora este ponto seja tema de discussões entre os comentadores de Descartes, para nosso propósito isto não causa grandes problemas. Cf. RODIS-LEWIS, G., *Descartes, textes et débats*, Librairie Général Française, 1984, págs. 197 e ss.
9. DESCARTES, R., 'Meditação segunda', pág. 92.
10. A idéia de que o cogito é a afirmação de uma certeza instantânea é apresentada por WAHL, J., *Du rôle de l'idée de l'instant dans la philosophie de Descartes*, Paris: Vrin, 1953, págs. 5 à 14. Embora M. Gueroult (*op. cit.*,

págs. 272-85) concorde com a tese defendida por J. Wahl, esta tese não é aceita por todos os comentadores. J.-M. Beyssade (*La philosophie première de Descartes*, Paris: Flammarion, 1979, págs. 136 e 137), por exemplo, afirma que, para Descartes, o pensamento não é instantâneo, e que o presente do pensamento é apenas um momento do tempo. Sobre a polêmica, cf. RODIS-LEWIS, G., *op. cit.*, Paris: Librairie Général Française, 1984, págs. 289 e ss.
11. Sobre a identidade entre ser e pensar, cf. FOUCAULT, M., *op. cit.*, págs. 318-323 e DELEUZE, G. & GUATTARI, F., *op. cit.*, págs. 42-45.
12. DESCARTES, R., 'Meditação segunda', pág. 95.
13. *Idem*, págs. 96 e 97.
14. Sobre as provas da existência de Deus, cf. RODIS-LEWIS, G., *op. cit.*, págs. 277-319.
15. DESCARTES, R., 'Meditação sexta', pág. 135.
16. *Idem*, pág. 135.
17. *Ibidem*, pág. 135.
18. Por inclinação Descartes designa algo como um declive sobre o qual se desliza sem a intervenção da vontade ou da reflexão. Designa, particularmente, o que se chama *a natureza*.
19. DESCARTES, R., 'Meditação Sexta', pág. 136.
20. Sobre esta discussão acerca da união entre corpo e alma, cf. RODIS-LEWIS, G., *op. cit.*, págs. 370-380.
21. Como *paixões*, Descartes define as percepções da alma sem causa próxima, relacionadas apenas à própria alma, como os sentimentos de alegria, raiva ou outros semelhantes. Assim, *paixões* são as percepções que, tendo o corpo como causa, não são nem percepções das coisas do mundo externo, nem dos estados do corpo, mas relativas à alma. São percepções dos estados da alma. Cf. TEIXEIRA, L., *Ensaios sobre a moral de Descartes*, São Paulo: Ed. Brasiliense, págs. 167-168.
22. DELEUZE, G. & GUATTARI, F., *op. cit.*.
23. SERRES, M., *Le système de Leibniz et ses modèles mathematiques*, Paris: P.U.F., 1968, pág. 656. Este autor analisa o problema do *ponto fixo*, inspirado, entre outros exemplos, no segundo parágrafo da *Meditação segunda*, de Descartes, onde aparece a metáfora arquimediana: "Arquimedes, para tirar o globo terrestre de seu lugar e transportá-lo para outra parte, não pedia nada mais exceto um ponto que fosse fixo e seguro. Assim, terei o direito de conceber altas esperanças, se for bastante feliz para encontrar somente uma coisa que seja certa e indubitável.".
24. Cf. FOUCAULT, M., *op. cit.*, págs. 314 e ss.
25. Cf. *infra*, parte I, capítulo 2: "O tempo".
26. *O seminário, livro 2*, Rio de Janeiro: Zahar, 1985, pág. 299.
27. Cf. *O Seminário, livro 11* e, particularmente, "La science et la verité" in *Écrits*, Paris: Seuil, 1966.

28. Nesta pesquisa nos limitaremos a apontar as aproximações e os distanciamentos dos procedimentos cartesiano e freudiano a partir do que propõe Lacan, deixando a discussão sobre o estatuto científico da psicanálise para outra oportunidade.
29. Cf. LACAN, J., *O seminário, livro 11*, págs. 38 e ss.
30. LACAN, J., *idem*, pág. 39.
31. É importante alertar que, ao colocar o *eu sou* como fundamento e verdade do cogito, não como conseqüência, Lacan inverte o cogito cartesiano, seguindo a leitura heideggeriana. Uma outra interpretação do cogito afirma que na asserção *penso, logo sou*, o apoio seria o *eu penso*. Sobre esta discussão, cf. SIPOS, J., *Lacan et Descartes, la tentation métaphysique*, Paris: P.U.F., 1994, págs. 1-15.
32. Cf. LACAN, J. *O seminário, livro 2*, pág. 306, sobre o *eu*: "(...) não há meio de apreender o que quer que seja da dialética analítica se não assentarmos que o eu é uma construção imaginária. O fato de ele ser imaginário, isto não retira nada a este pobre eu – diria até que é o que ele tem de bom. Se ele não fosse imaginário, não seríamos homens, seríamos luas. O que não quer dizer que basta que tenhamos este eu imaginário para sermos homens".
33. Cf. BAAS, B. & ZALOSZYC, A., *Descartes et les fondements de la psychanalyse*, Paris: Navarin Osiris, 1988, págs. 27-41.
34. O paradoxo do mentiroso é formado em torno da frase de Epimênides de Gnossa. A fórmula *eu minto* é verdadeira ou não? Ao dizer *eu minto*, Epimênides enuncia uma frase verdadeira, pois é cretense. Então, não mente. Mas deve-se convir que, ainda assim, ele mente, pois ao dizê-lo afirma o contrário. Sobre este e outros exemplos de paradoxos lógicos, Cf. DOR, J., *Introdução à leitura de Lacan*, Porto Alegre: Artes Médicas Sul, 1995, págs. 58 e ss.
35. Cf. *infra*, parte II, capítulo 1, seção "O inconsciente como multiplicidade e a cadeia significante".

CAPÍTULO 2

O Tempo

O cogito excluíra o *tempo* como elemento fundamental: o eu pensante era dado no instante da representação. Não era o tempo que fornecia a identidade e a unidade do pensamento, mas o eu consciente de si. A partir do estabelecimento do cogito, Descartes prosseguiu examinando os atributos possíveis que poderiam determinar a subjetividade. O pensamento foi definido como o único atributo da substância pensante, *res cogitans*, alma; só através dele era possível conhecê-la. Determinante e determinado se sucediam sem que houvesse qualquer explicitação de como isto acontecia. A determinação era atemporal, de modo que a exclusão do tempo aparecia como a condição de possibilidade da identidade desta subjetividade.

Um solipsismo seria evidente, se o passo seguinte não tivesse sido repovoar o mundo de modo confiável. Mas, ser condição de conhecimento não equivale a assegurá-lo: o cogito somente me certifica de que sou, não assegura a verdade do que está fora de mim ou do que eu sou verdadeiramente. Apenas a veracidade divina permitiu assegurar a correspondência verdadeira entre a representação e o ser. A garantia era a eternidade de Deus, não o antes e o depois, não a permanência no tempo.

Precisamente neste ponto, incide a crítica de Kant a Descartes. Do *eu penso* não se chega ao *eu sou uma coisa que pensa*, a não ser que se opere um salto logicamente inexplicável. Nada há, no determinante, que implique imediatamente o determinado. Esta é uma das perguntas da *Analítica Transcendental*: como o *eu penso* determina *o que sou?* Como uma existência indeterminada torna-se determinável e sob que forma aparece como determinada? A filosofia kantiana exige a introdução de um novo elemento no cogito. Justamente o que Descartes excluíra para fundar sua certeza primeira: o tempo. Apenas aí a existência indeterminada poderá se tornar determinável. O sujeito será atravessado pelo tempo, dividido entre um determinante (um eu ativo, transcendental e atemporal) e um determinado (um eu passivo e fenomenal) que se encontra no tempo. Somente assim, como um eu passivo e fenomenal, sempre afetável, modificável e variável, posso ser determinado no tempo.[1] Sobre isso, Deleuze e Guattari nos ensinam: "Eis que o Cogito apresenta, agora, quatro componentes: eu penso e, por isso, sou ativo; eu tenho uma existência; portanto esta existência não é determinável senão no tempo como aquela de um eu passivo; eu sou pois determinado como um eu passivo que se representa necessariamente sua própria atividade pensante como um Outro que o afeta. Não é um outro sujeito, é antes o sujeito que se torna um outro..."[2]

A FILOSOFIA CRÍTICA DE KANT

Antes de tratarmos do estatuto do tempo em Kant, convém nos determos mais cuidadosamente na sua filosofia de modo geral e na *Crítica da Razão Pura*[3], de modo particular. Na época de Kant (1724-1804), duas grandes questões dirigiam o universo das idéias e em torno delas desdobravam-se inúmeras outras. A primeira referia-se ao conhecimento, interrogando suas possibilidades, limites e esferas de aplicação. Neste domínio, a matemática e a física apresentavam-se como conjuntos de conhecimentos certos e indiscutíveis. Ao lado delas, os grandes sistemas metafísicos persistiam, não como pontos pacíficos, mas como lugares de controvérsias e polêmicas. A segunda das questões era o problema da ação humana, o problema da moral. Tratava-se, menos de saber o que o homem conhecia ou podia conhecer do mundo, do que como deveria agir relativamente aos outros homens e como proceder para alcançar a felicidade ou o bem supremo. Aqui, trataremos especificamente da primeira questão: o conhecimento. Na *Crítica da Razão Pura*, Kant reintroduz o tempo como elemento fundamental para o conhecimento, trazendo conseqüências fundamentais para o modo como o homem pensará a si mesmo.

No texto acima citado, Kant analisa a faculdade de conhecer, distinguindo duas formas de conhecimento: o empírico ou *a posteriori* e o puro ou *a priori*. O primeiro diz respeito aos dados fornecidos pelas experiências sensíveis. O puro, inversamente, não depende da experiência, distinguindo-se do anterior pela necessidade e universalidade. Assim, sendo o conhecimento síntese de representações, é *a posteriori* quando depender da experiência e *a priori* quando independer desta, atribuindo ao objeto em questão uma propriedade não contida na representação.

Ao lado desta distinção entre duas formas de conhecimento — sensibilidade e entendimento — há a distinção entre juízos analíticos e juízos sintéticos. No primeiro, o predicado se encontra contido no sujeito, de modo que se trata apenas de um processo de análise que consiste em extrair do sujeito o predicado. Tais juízos, portanto, não têm sua origem na experiência, mas numa análise mental do conceito do sujeito. Os juízos sintéticos, ao contrário, enriquecem o conhecimento, pois unem o conceito expresso pelo predicado ao conceito do sujeito, sendo verdadeiros apenas enquanto a experiência os avaliza. Em suma, os juízos podem ser analíticos, sintéticos *a posteriori* ou sintéticos *a priori*.

Para Kant, o verdadeiro núcleo do conhecimento está nos juízos sintéticos *a priori*, por dois motivos. O conhecimento não pode ser formado de juízos analíticos: são puras tautologias, nada acrescentando ao conhecimento. Também não pode ser formado por juízos sintéticos *a posteriori* já que são particulares e contingentes, referindo-se à experiência que se esgota em si mesma. Mas como um juízo pode ser, simultaneamente, sintético, portanto referido à experiência, e *a priori*, universal e necessário?

O problema será mostrar como isto é possível na matemática, na física e na metafísica. Eis o empreendimento da *Crítica da Razão Pura*. Para solucionar estes problemas, Kant propõe inverter a forma de encarar as relações entre o conhecimento e seu objeto. É a famosa revolução copernicana que consiste em, ao invés de admitir que a faculdade de conhecer se regule pelo objeto, é o objeto que se regula pela faculdade de conhecer.

Para o racionalismo dogmático, o conhecimento se apoiava na idéia de uma correspondência entre sujeito e objeto, uma espécie de acordo entre idéias e coisas. Tal acordo, além de implicar em si mesmo uma finalidade, exigia, como vimos brevemente acerca de Descartes, um princípio teológico como fonte e garantia. Kant pretende substituir a idéia de uma harmonia entre sujeito e objeto pelo princípio de uma submissão necessária do objeto ao sujeito. A faculdade de conhecer legisla sobre os objetos, ou seja, o que se apresenta como formando uma Natureza, obedece necessariamente aos mesmos princípios que os que regulam o curso de nossas representações.[4]

A tarefa da filosofia seria, assim, a de investigar tais princípios *a priori*, responsáveis pela síntese dos dados empíricos. A primeira parte da *Crítica da Razão Pura*, a Estética Transcendental, investiga os princípios aprioristicos da sensibilidade. Por transcendental, devemos entender todo conhecimento que se ocupe menos de objetos do que do modo de conhecê-los, na medida em que tal conhecimento deva ser possível *a priori*. A segunda parte desta *Crítica*, a Analítica Transcendental, ocupa-se dos elementos aprioristicos do entendimento. Por fim, a terceira parte, a Dialética Transcendental, trata do uso que a razão pode fazer com as categorias do entendimento, criando a metafísica.

AS INTUIÇÕES PURAS: O ESPAÇO E O TEMPO

Os *fenômenos* não são aparências, nem são produtos da atividade subjetiva do homem. Afetam-no porque o homem é *passivo* e receptivo, mas podem ser submetidos a ele, por não se tratar de coisas-em-si. Kant não exclui, contudo, a existência de uma realidade em si. As coisas-em-si estão para além da experiência e do conhecimento possíveis: são o que fundam os fenômenos, o verdadeiro ser ou a natureza em si mesma. Ao conceito de coisa-em-si, Kant chama de *noumeno* — realidade inteligível, mas inapreensível pela sensibilidade ou pelo entendimento. Só podem ser pensados pela inteligência e, portanto, não possuem nenhuma determinação positiva. Kant nomeia como *Idéias* os pensamentos destes noumenos que não procedem da sensibilidade e ultrapassam os conceitos do entendimento. Importa, contudo, não confundir noumeno e coisa-em-si: o primeiro refere-se a uma entidade inteligível, mas inapreensível pela experiência; a segunda diz respeito ao que transcende as possibilidades mesmas do conhecimento, ao que é indeterminado e incondicionado.[5]

Aqui, aparece um novo problema. Se o homem é afetado pelos fenômenos, pois é passivo e receptivo, e, ao mesmo tempo, os fenômenos lhe são submetidos, devemos perguntar: como um sujeito passivo pode, de outro lado, ter uma faculdade ativa, de modo que as afecções experimentadas sejam necessariamente submetidas a esta faculdade? Segundo Deleuze[6], a questão da relação entre sujeito e objeto tende a interiorizar-se: converte-se no problema da relação entre faculdades diferentes em natureza — sensibilidade passiva e entendimento ativo. É justo esta relação que reintroduz a dimensão do tempo na constituição do cogito.

Na Estética Transcendental, Kant define a sensibilidade como uma faculdade de intuição. Mas, na sensibilidade, temos dois elementos constitutivos: um material e receptivo; outro formal e ativo. Se a matéria do conhecimento são as impressões que o sujeito recebe dos objetos, a forma exprime a ordenação de tais impressões. São as chamadas formas puras da intuição ou intuições *a priori*. Contudo, não se pode dizer que a intuição seja uma representação; representação implica, como vimos, uma retomada ativa do que se apresenta, portanto, uma atividade e uma unidade distintas da passividade e da diversidade inerentes à sensibilidade. Mas, quais são estas formas puras da sensibilidade? São o *espaço* e o *tempo*. Toda intuição deve estar sujeita a estas formas. O fenômeno é, então, o que aparece no espaço e no tempo. Porém, o que se apresenta é, não somente a diversidade fenomenal empírica no espaço e no tempo, mas também a diversidade pura *a priori* do espaço e do tempo em si mesmos. Para chegar a esta conclusão, Kant precisa, antes, demonstrar convincentemente que o espaço e o tempo são puros, intuições (e não conceitos), e condições de possibilidade de toda experiência possível. Isso não quer dizer que se suponha que existam em si mesmos, mas sim que pertencem ao sujeito cognoscente. Sobre o espaço, Kant escreve:

> "O espaço não representa qualquer propriedade das coisas em si, nem essas coisas nas suas relações recíprocas; (...). O espaço não é mais do que a forma de todos os fenômenos dos sentidos externos, isto é, a condição subjetiva da sensibilidade, única que permite a intuição externa."[7]

Poucas páginas adiante, vejamos a referência sobre o tempo:

> "O tempo não é mais do que a forma do sentido interno, isto é, da intuição de nós mesmos e do nosso estado interior. Realmente, o tempo não pode ser uma determinação dos fenômenos externos; não pertence a uma figura ou a uma posição etc., antes determina a relação das representações no nosso estado interno. (...) O tempo é, pois, simplesmente, uma condição subjetiva da nossa (humana) condição (...) e não é nada em si, fora do sujeito."[8]

A argumentação de Kant sobre estas formas *a priori* da sensibilidade podem ser esquematizadas da seguinte maneira. Primeiro ponto: tanto o espaço quanto o tempo não são conceitos empíricos. Para que se possa representar as coisas como exteriores, é preciso supô-las ocupando, necessariamente, um certo espaço e implicando o tempo, o antes e o depois. Assim, segundo ponto, espaço e tempo são representações necessariamente *a priori*. Não se pode pensar a ausência absoluta de espaço, ainda que se o conceba sem corpo algum. Do mesmo modo, pode-se pensar o tempo sem acontecimentos, mas não acontecimentos sem tempo. Terceiro ponto: espaço e tempo são intuições puras, não conceitos discursivos universais — referem-se à sensibilidade, e não ao entendimento. Quarto e último ponto: se os objetos precedem os conceitos empíricos deles formados, inversamente, o espaço e o tempo como totalidades precedem as partes neles recortadas. Daí o tempo e o espaço serem representações singulares, ou seja, unidades. Dito de outro modo, a unidade e unicidade do espaço e do tempo qualificam-nos como intuições na medida em que um conceito implica uma unidade do múltiplo, e, neste caso, não há múltiplo. A unidade é anterior.[9]

A conseqüência fundamental disto é que ambos, espaço e tempo, não são determinações das coisas, mas condições subjetivas da intuição — formas da sensibilidade destinadas a coordenar o que é trazido de fora pelos sentidos. Pertencem à representação que o sujeito faz do mundo, e não ao mundo em si mesmo. Assim, também o conhecimento que se possa ter acerca de si mesmo faz-se nesta submissão espaço-temporal. Diz-se, com Kant, que o espaço é a forma da experiência ou percepção externa e o tempo é a forma das vivências ou percepções internas. Mas, a percepção externa o é enquanto constituída de elementos presentativos. De outro lado, esta mesma percepção é interna, porque, simultaneamente, sei que a percebo, tenho sua percepção e sua apercepção. Neste sentido, o tempo aparece como forma de sensibilidade externa e interna, ao passo que o espaço é a forma da sensibilidade apenas externa.

Porém, se espaço e tempo são condições sem as quais é impossível conhecer, o conhecimento universal e necessário não se esgota neles. É preciso o concurso dos elementos apriorísticos do entendimento.

A CONSCIÊNCIA TRANSCENDENTAL

Na Analítica Transcendental, Kant parte dos diferentes tipos de juízos para encontrar as formas *a priori* do entendimento, as categorias ou conceitos.[10] Estes — categorias ou conceitos — são predicados dos juízos, havendo tantas categorias quantos juízos possíveis. Além disto, também as categorias são condições necessárias do conhecimento, só podendo ser aplicadas à experiência possível. Mas é preciso legitimar as categorias. O primeiro argumento de Kant nesta direção é o de que as diversas representações formadoras de conhecimento necessitam ser sintetizadas. De outro modo, não se poderia propriamente falar de conhecimento. Tal síntese pode ser abordada do ponto de vista da atividade do sujeito, levando-nos de volta a nossa questão, tanto acerca do tempo, quanto acerca de sua relação com o sujeito. A premissa fundamental é a da consciência da diversidade do tempo, a qual produz, de um lado, a consciência de um eu unificado (não metafísico ou empírico, mas transcendental) e, de outro, a consciência de algo que constitui o objeto como objeto de conhecimento. Aqui, entrevemos a exigência da reintrodução do tempo no cogito.

Toda intuição traz em si um diverso que não seria representado como tal se não se distinguisse o tempo na série das impressões sucessivas. Fechada num só instante, a representação só poderia ser unidade absoluta. Ao operarem a passagem da diversidade à unidade, as sínteses promovem a constituição de uma dimensão temporal. A síntese que tem por tarefa constituir o diverso num só momento é a *síntese da apreensão*. Empírica, esta síntese corresponde à sensação. Pura, é a síntese da primeira dimensão do tempo: o *presente*, já que implica a intuição da simultaneidade (e não sucessividade) dos diversos elementos. A seguir, a imaginação, aplicando-se ao momento, ao instante, efetua a primeira constituição do tempo para a consciência, elaborando, na síntese, o presente como dimensão transcendental pura. Mas, o presente não basta para erigir o conhecimento, pois conhecer implica necessariamente as outras dimensões do tempo. É preciso que o presente possa ser reproduzido — *síntese da imaginação*. Mas para que esta síntese reprodutora empírica seja possível, é necessário fundar-se numa outra, pura, que reproduz o presente atingido pela síntese de apreensão. Daí uma síntese pura *a priori*, que constitui a dimensão do *passado*. Uma vez dados presente e passado, é a totalidade do tempo que é determinada. Com efeito, a reprodução não seria possível sem que a apreensão se efetuasse e o momento presente fosse reproduzido.

Porém, ainda uma terceira operação — a *síntese de recognição do conceito* — é necessária para completar a constituição do tempo. Agora, a síntese geral da imaginação deve ser considerada necessária e reproduzível, permitindo o reconhecimento da persistência dos mesmos elementos. Tal síntese deve encontrar sua unidade empírica ou pura, o que só é possível pelo conceito que exprime a regra de produção da síntese e assegura sua reprodução infinita, estabelecendo a *identidade do ato da síntese*. Estamos diante da *consciência una* ou da *identidade do eu*. É justamente sobre esta consciência que se apoia a síntese pela qual se constitui o tempo. Não poderia ser a consciência empírica, uma vez que esta consciência de si está sempre em transformação e não pode, portanto, fornecer um eu permanente e fixo em meio ao fluxo de fenômenos. Esta unidade transcendental é o *eu penso*, que acompanha todas as minhas representações, presidindo sua unificação sintética. Não é uma consciência real e existente, mas uma condição transcendental e lógica. É o que Kant chama de *apercepção transcendental* ou *pura*, que possibilita a realidade como realidade *para* um sujeito — condição de toda percepção. É totalmente objetiva, no sentido de que representa a condição de toda objetividade possível.[11]

Vemos, então, que o conhecimento implica duas coisas que extravasam a síntese propriamente dita. Implica a consciência, ou seja, a pertença das representações a uma mesma consciência na qual devem estar ligadas; e implica, também, uma relação necessária com um objeto. O que constitui o conhecimento é precisamente o ato pelo qual o diverso representado é referido a um objeto — a *recognição*. Novamente, nota-se tanto uma atividade quanto uma passividade no sujeito, relacionadas *no* e *pelo tempo*. Passividade no que se refere à transcendência e que afeta o sujeito; atividade, na medida em que impõe à matéria prima do conhecimento uma submissão às formas da sensibilidade e do entendimento.

Todavia, a experiência se dá como um todo unificado e não como um complexo de representações isoladas. Assim, para que haja experiência, deve existir uma atividade que agrupe a diversidade pura. Mas, a unidade sintética da diversidade sensível não poderia surgir da união de elementos isolados; ao contrário, é a experiência que possibilita o conceito de união. Propondo a *categoria* como princípio de união da multiplicidade, a unidade está suposta previamente. Para que as minhas representações se unam é preciso, de saída, serem minhas, ligadas na unidade de uma consciência que é a minha. Assim, pode-se dizer que o caráter transcendental do eu é sua anterioridade relativamente à experiência. O *eu penso* kantiano é a consciência de que sou; é pensamento, e não intuição. Não decorre da experiência: é sua condição.

A REINTRODUÇÃO DO TEMPO NO COGITO

A proposição *eu penso*, proposta por Descartes como vimos anteriormente, apresenta uma verdade incontestável. Todavia, vimos também que não se pode tirar daí a conseqüência de que o eu exista como objeto real. Para a apreensão de um objeto é necessário uma intuição e, neste caso, se está diante unicamente da forma do pensamento. Pelas mesmas razões, é ilegítimo recorrer ao conceito de substância, afirmando a alma como substância pensante. O conceito de substância, para se aplicar a um objeto, supõe igualmente uma intuição. Dito de outro modo, nada, no espaço e no tempo, pode ser considerado alma, não havendo, portanto, nenhuma percepção sensível, condição necessária de todo conhecimento. A forma como esta existência é determinada, pela qual se colocam os elementos diversos que lhe pertencem, implica uma intuição de si mesmo. Esta intuição se funda, como qualquer outra intuição que se tenha, numa forma *a priori*: no tempo, que é sensível e pertence à receptividade do determinável.

O eu cartesiano não pode constituir um objeto de conhecimento para Kant, pois não é uma intuição, nem um conceito. É apenas uma consciência acompanhando os conceitos, é somente a forma da consciência. Se se quisesse pensá-la como objeto, seria preciso colocá-la em relação a um sentido interno que a faz aparecer como existente. Mas existente no tempo, sendo dada tal como aparece, e não em-si, não como substância.

Não se pode, assim, predicar da alma absolutamente nada, pois ela não pode ser objeto de conhecimento, nem é fenômeno. Na experiência, no tempo, obtém-se, quando se volta os olhos para si mesmo, uma série de vivências que se substituem umas as outras. Nenhuma destas vivências pode ser considerada alma, no sentido cartesiano do termo, substância a ser conhecida. Para tanto, seria preciso excluir o tempo para encontrar a alma como substância simples, imortal e permanente. Foi isto que fez Descartes. Porém, a partir de Kant, não se pode mais recusar o tempo: assim como o espaço, ele é a primeira das condições de todo conhecimento possível. E mais: é a forma das percepções internas. Isto significa que o homem se percebe necessariamente *no tempo*, e, assim, adquire um caráter *histórico*, ao mesmo tempo, colocando-se como objeto de interrogação.

A reintrodução do tempo no cogito promove duas conseqüências importantes. A primeira se refere ao próprio conceito de tempo. De Descartes a Kant não se deve supor uma evolução do pensamento no qual, ao sistema anterior, acrescentaram-se novos aspectos. A crítica kantiana mostra estarmos diante de um novo plano que coloca problemas impensáveis a partir do cogito cartesiano. Descartes criara o cogito, recusando o tempo como forma de anterioridade e fazendo dele apenas sucessão. Todavia, o tempo reintroduzido é outro: é *forma de interioridade*. A sucessão diz respeito às coisas e movimentos que estão no tempo: as coisas se sucedem, são simultâneas e permanecem no tempo.

A partir de Kant, sucessão, simultaneidade e permanência são modos e relações de tempo. Este é a forma do que muda e se move, sob a condição de ser ele mesmo imóvel e imutável. É a forma do que não é eterno, e não forma eterna.

O eu está no tempo. Mas, este é o eu passivo e receptivo — fenômeno. Vimos também que há um outro eu, ativo, operando sínteses do tempo e do que nele se passa, distribuindo o presente, o passado e o futuro. Eu passivo e eu ativo estão separados pelo tempo que os relaciona um ao outro, trazendo à luz uma diferença fundamental. Na crítica a Descartes, vimos que a existência do eu não pode ser determinada como a de um ser ativo e espontâneo. A existência somente é determinável no tempo e sob a forma do tempo como aquela de um eu passivo, receptivo, fenomenal e mutante. Assim, somente posso me constituir como um eu passivo que se representa na atividade de seu pensamento; não mais como um sujeito único e ativo.[12]

TEMPO KANTIANO E TEMPO FREUDIANO

Neste ponto, já se nota que o plano de pensabilidade construído por Kant não se confunde com aquele inaugurado por Descartes. É um plano no qual a dúvida perdeu o sentido e os fundamentos do conhecimento foram modificados. Por isso, Kant pode criticar Descartes por ter passado da representação à postulação da existência de uma substância pensante sem que nada justificasse esta passagem. Como o *eu penso* poderia determinar o *eu sou*, que é em si mesmo indeterminado? E como o indeterminado pode se tornar determinável, senão no tempo? A crítica kantiana exigiu a reintrodução do tempo no cogito, como único modo pelo qual o *eu sou* recebe uma determinação.

Porém, este tempo não é mais apenas sucessão referida às coisas; com Kant, o tempo se tornou forma de interioridade. Porque me percebo no tempo, devo distribuir passado, presente e futuro, constituindo-me como ser histórico. Neste movimento, deixo de ser contemporâneo do que me faz ser. Eis o que faz da filosofia kantiana uma das condições de possibilidade do sujeito psicanalítico: a referência a um passado, um presente e um futuro. Novamente, isto não significa que ambos, Freud e Kant, digam a mesma coisa, operem a partir dos mesmos pressupostos, ou cheguem às mesmas conclusões. Cada um edifica um plano cuja problemática, e portanto, cujos conceitos são radicalmente diferentes. Para a filosofia kantiana, a questão ainda era a da legitimação do conhecimento verdadeiro; para Freud, não se tratava de estabelecer critérios ou categorias a partir dos quais a verdade pudesse ser alcançada, mas sim de investigar o homem a partir daquilo que o especifica como tal, ou seja, sua capacidade de criar significações a seu respeito e a respeito do mundo.

Para a psicanálise, tais significações constróem uma historicidade na qual e pela qual o sujeito se constitui. Se Freud apresenta uma teoria do trauma, se ele caracteriza o inconsciente como atemporal por oposição aos outros sistemas, e se desenvolve a noção de posterioridade, é porque supõe necessariamente uma dimensão histórica e temporal que atravessa o sujeito.[13] O que não quer dizer que o tempo, participante da conceitualização freudiana, seja idêntico ao tempo reintroduzido por Kant.

De saída, a construção do conceito de inconsciente, porque opera um descentramento radical da consciência, coloca questões para a universalidade da estrutura espaço-temporal proposta por Kant. Freud escreve: Os processos do sistema inconsciente são *atemporais*; isto é, não são ordenados temporalmente, não se alteram com a passagem do tempo; não têm absolutamente qualquer referência ao tempo. A referência ao tempo vincula-se, mais uma vez, ao trabalho do sistema consciente".[14]

Desde 1900, com a construção do mais famoso de seus modelos de aparato psíquico, a consciência se vê reduzida em importância e relevância; ela representa apenas a função de um sistema particular, designado pela letra C (ou Cs.). Na passagem acima, Freud refere o tempo ao trabalho deste sistema, o que será reafirmado e desenvolvido brevemente dez anos depois, com o texto *Uma nota sobre o 'bloco mágico'*, no qual a consciência aparece associada à percepção, constituindo o sistema percepção-consciência (Pcpt-Cs.). O investimento neste sistema se daria em rápidos impulsos periódicos, após os quais as percepções (acompanhadas de consciência) seriam recebidas e transmitidas para o sistema inconsciente. Assim que a excitação fosse transmitida, o funcionamento do sistema Pcpt-Cs. se interromperia, caracterizando uma descontinuidade relacionada por Freud à construção do conceito de tempo no psiquismo.[15]

Tudo parece nos levar a afirmar serem grandes as semelhanças entre a concepção freudiana e a kantiana, pois em ambos o tempo estaria estreitamente vinculado ao trabalho da percepção. Entretanto, esta afirmação perde o sentido se levamos em conta que Freud fala na *construção* da *idéia* de tempo.[16] Ora, uma idéia que deve ser construída é bastante diferente de uma forma a priori da sensibilidade. E mais: se, para Kant, a consciência coloniza e define o pensamento, para Freud, ela se refere apenas a uma espécie de recorte no que é possível pensar. Neste sentido, qualquer referência ao passado, presente ou futuro deve ser entendida como uma forma possível de ordenação das representações, e não como a forma por excelência da percepção. O conteúdo da história do sujeito está relacionado às associações entre as representações, mais do que a eventos efetivamente ocorridos e percebidos espaço-temporalmente.

Contudo, poderíamos argumentar que, nos primórdios de sua investigação, Freud parece acreditar numa determinação do passado sobre o presente: algo passado num momento anterior, determinaria o momento atual. A teoria do trauma estaria apoiada na idéia de que o traumatismo corresponde a um acontecimento datável e pessoal da história do sujeito, cuja lembrança seria inconsciente. O sintoma surgiria, assim, no lugar da lembrança do acontecimento em questão, e a cura se daria quando a lembrança retornasse à consciência.[17] O passado estaria referido aos acontecimentos propriamente ditos, como se a eficácia traumática decorresse do próprio evento. Tratava-se, portanto, de reconstituir a história do sujeito através de um trabalho de rememoração, buscando no passado aquilo que retornava transfigurado no presente. A história seria a sucessão dos fatos tais quais se deram. A passagem é extensa, mas vale a pena reproduzi-la:

> "Quase todos [os sintomas] se haviam formado desse modo, como resíduos — como 'precipitados', se quiserem — de experiências emocionais que, por essa razão, foram denominadas posteriormente 'traumas psíquicos'; e o caráter particular a cada um desses sintomas se explicava pela relação com a cena traumática que o causara. Eram, segundo a expressão técnica, *determinados* pelas cenas cujas lembranças representavam resíduos, não havendo já necessidade de considerá-los como produtos arbitrários ou enigmáticos da neurose. Registremos apenas uma complicação que não fora prevista: nem sempre era um *único* acontecimento que deixava atrás de si os sintomas; para produzir tal efeito uniam-se na maioria dos casos numerosos traumas, às vezes, análogos e repetidos. Toda essa cadeia de recordações patogênicas tinha então de ser reproduzida em ordem cronológica e precisamente inversa — as últimas em primeiro lugar e as primeiras por último — sendo completamente impossível chegar ao primeiro trauma, muitas vezes o mais ativo, saltando-se sobre os que ocorreram posteriormente."[18]

Neste momento, a relação do sujeito a sua história é uma relação de aprisionamento. Se o passado causa o presente, e se este passado não pode ser reescrito porque corresponde aos fatos em si, o sujeito estaria preso a uma imagem fixa desenhada por sua história. O trabalho seria apenas o de reconhecer a si mesmo na reconstituição fatual desta história.

Porém, esta não é a única leitura possível: ao lado desta concepção vemos desenvolver-se a idéia de que a memória estaria sujeita a um rearranjo, ou seja, os traços mnêmicos poderiam ser retranscritos de acordo com novas circunstâncias.[19] Neste caso, a memória não reproduziria os acontecimentos tal qual se deram de fato, mas os construiria como tais a partir do modo como os traços se associam. O passado e a história seriam, então, construções operadas no presente e, nesse sentido, produções de significação.

A noção freudiana de *posterioridade* evidencia a idéia fundamental de que os acontecimentos não portam seu sentido em si, pois somente *a posteriori* são recobertos de significação pelo próprio sujeito. Nesta linha de raciocínio, o que tem efeito traumático não é o fato no instante em que ocorre, mas sim a lembrança, portanto, a representação que associada a outras representações, produz uma determinada significação.

Pouco a pouco, Freud parece se distanciar da idéia de ser o passado a causa do presente. A história do sujeito permanece fundamental, mas apenas na medida em que aparece como produção ativa de si. Ao construir sua história, o sujeito constrói a si mesmo e abre o futuro como possibilidade de diferença — se posso inventar o meu passado a todo instante, nada determina o que devo ser, nem no presente, nem no futuro. A construção do conceito de inconsciente revela ser a história do sujeito tão somente uma história das significações produzidas por ele ao longo de seu percurso. E este mesmo percurso está vinculado à pulsão na medida em que a exigência de trabalho não cessa.

Assim, não apenas o inconsciente, mas também a própria *pulsão*, apesar de externa ao aparato psíquico, também será pensada a partir de uma historicidade fundamental advinda de sua apreensão pela linguagem. Como a satisfação plena é impossível, os objetos são constantemente substituídos por outros, compondo um circuito. A história do sujeito é também a história de seus investimentos pulsionais. E, porque são pulsionais, tais investimentos não podem ser pré-determinados: o caminho deve ser reinventado a todo instante, pois só o que retorna é a exigência de trabalho. Neste trabalho, passado, presente e futuro são redesenhados a todo momento — são contemporâneos do advento do sujeito.[20]

De qualquer modo, pensar o sujeito psicanalítico também é pensar sua relação com o tempo. O que só foi possível pela reintrodução do tempo operada por Kant. Porém, ainda não nos desvencilhamos de todo dos limites cartesianos. Ao propor o caráter transcendental do eu, Kant afirma uma anterioridade deste eu relativamente à experiência. O sujeito ainda é pensado como unidade, como um eu idêntico a si que se lança a conhecer o mundo, representando-o. Os termos ainda são exteriores à relação entre eles. De um lado, o eu como unidade do sujeito cognoscente; de outro, o objeto a ser conhecido (mesmo que este objeto seja o próprio eu). Para que o sujeito psicanalítico seja possível, é preciso que a relação entre estes termos adquira novos aspectos e, com isso, um novo sentido.

Com Hegel, veremos surgir o *desejo* como dimensão fundamental na constituição do sujeito. E, sobretudo, veremos este sujeito ser pensado diferentemente, não mais como um ponto fixo, mas como resultado e condição de um processo que produz e revela a verdade. Esta não será mais a verdade do mundo e das coisas, regidos por um sistema de leis internas, não será mais a correspondência adequada entre representação e coisa. A verdade será a própria história de sua constituição; será sujeito de seu próprio desenvolvimento.

NOTAS

1. O que chamamos de *eu passivo* e *eu ativo* não deve ser confundido com o que Freud, no 'Projeto para uma psicologia científica (1895)', chama de *sínteses passivas* ou *ativas*, relacionadas à transformação da energia livre em energia ligada. Em Freud, as *sínteses passivas* se referem às primeiras ligações das excitações que limitam seu livre escoamento; e as *sínteses ativas* são as repetições posteriores de experiências de satisfação. Cf. FREUD, S., *Edição Standard Brasileira das Obras Completas de Sigmund Freud*, vol. 1, Rio de Janeiro: Imago, 1980, págs. 437-439. (Todas as referências aos textos freudianos são relativas a esta edição, de modo que citaremos apenas o título do texto e o volume no qual ele se encontra.)
2. DELEUZE, G. & GUATTARI, F., *op. cit.*, pág. 45.
3. KANT, I., Lisboa: Fundação Calouste Gulbekian, 1989 (citado *CRP*).
4. Cf. PHILONENKO, A., *L'oeuvre de Kant – 1*, Paris: Vrin, 1989, págs. 91 e ss.
5. A questão da *coisa-em-si* kantiana pode ser relacionada à noção de *Das Ding* em psicanálise, recuperada por Lacan. Assim como a coisa-em-si, *Das Ding* caracteriza-se por sua autonomia e por ser incognoscível. Mas, uma e outra não chegam a se confundir, pois a coisa-em-si é pensada como o verdadeiro ser, ao passo que *Das Ding* deve ser entendida a partir de seu caráter mítico de objeto absoluto de satisfação. Sobre o assunto, cf. GARCIA-ROZA, L.A., *O mal-radical em Freud*, Rio de Janeiro: Zahar, 1990, págs. 78-89.
6. DELEUZE, G., *A filosofia crítica de Kant*, Lisboa: Ed. 70, 1991.
7. KANT, I., *CRP*, pág. 67.
8. *Idem*, págs. 73-74.
9. A argumentação kantiana é feita separadamente para o espaço e, em seguida, para o tempo. O que apresento aqui é apenas uma esquematização sucinta do que se encontra explicitado pelo filósofo na *CRP*, págs. 66-70, sobre o espaço e págs. 70-78, sobre o tempo.
10. Os tipos de juízos são classificados segundo a lógica aristotélica: juízos de quantidade (universais, particulares e singulares); de qualidade (afirmativos, negativos e indefinidos); de relação (categóricos, hipotéticos e disjuntivos) e de modalidade (problemáticos, assertóricos e apodíticos). Cf. *idem*, pág. 104.
11. PHILONENKO, A., *op. cit.*, págs. 158-164.
12. Deleuze nos oferece uma diferenciação entre o eu passivo, como *moi*, e o eu ativo, como *je*, que o afeta: "Eu sou separado de mim mesmo pela forma do tempo, e portanto eu sou um, porque o 'Je' afeta necessariamen-

te essa forma operando sua síntese, e porque o 'moi' é necessariamente afetado como conteúdo nessa forma. (...) Assim, o tempo passa ao interior do sujeito para distinguir nele o 'moi' e o 'Je'. É a forma sob a qual o 'Je' afeta o 'moi', a maneira pela qual o espírito afeta a si mesmo. (...) 'Forma de interioridade' não significa somente que o tempo nos é interior, mas que nossa interioridade não cessa de nos cindir a nós mesmos, de nos desdobrar: um desdobramento que não vai até o extremo, já que o tempo não tem fim. Uma vertigem, uma oscilação que constitui o tempo.". DELEUZE, G., "Sur quatre formules poétiques qui pourraient résumer la philosophie kantienne" in *Critique et clinique*, Paris: Les Éditions de Minuit, 1993, págs. 43-45.

13. Embora, neste livro, o tempo seja o ponto de articulação privilegiado entre Kant e psicanálise, é preciso sublinhar que esta não é a única relação possível entre ambos. Há também a questão da positividade de uma *maldade originária* inerente ao homem, estreitamente articulada à questão da moral e da ética. Sobre este assunto, cf. LACAN, J., *O Seminário, livro 7*, Rio de Janeiro: Zahar, 1988 e GARCIA-ROZA, L.A., *O mal-radical em Freud*, Rio de Janeiro: Zahar, 1990, págs. 146-156. Além disso, pode-se relacionar Kant e Lacan através do problema do *simbolismo* num e noutro. Sobre o tema, conferir o Colóquio realizado pelo Collège International de Philosophie, editado com o título *Lacan avec les philosophes*, Paris: Albin Michel, 1991, págs. 69-123.
14. 'O inconsciente', vol. 14, pág. 214. Voltaremos a este ponto na parte II.
15. Cf. *infra,* parte II, capítulo 1, seção *"O lugar da consciência"*.
16. Cf. 'Uma nota sobre o 'bloco mágico'', vol. 19, pág. 290.
17. Cf. FREUD, S., 'Cinco lições de psicanálise (Primeira lição)', vol. 11, pág. 21: "Onde existe um sintoma, existe também uma amnésia, uma lacuna da memória, cujo preenchimento suprime as condições que conduzem à produção do sintoma."
18. *Idem*, pág. 17.
19. Cf. FREUD, S., 'Carta 52', vol. 1, pág. 324.
20. Cf. *infra*, parte II, capítulo 2, seção *"Pulsão e tempo"*.

CAPÍTULO 3

O Desejo

A época de Hegel (1770-1831), especificamente os anos de sua juventude, foi marcada por uma forte crise política. A *história* aparecia como objeto privilegiado para a filosofia; era preciso pensar a vida como o conjunto das ações dos homens. Era preciso pôr-se a conhecer o devir das sociedades; retomar o presente como produto de um longo processo no qual o passado é visto como uma etapa do próprio presente. Não que o progresso deva ser entendido como acumulação; com Hegel, o progresso é pensado como progressão, como desenvolvimento doloroso.[1] Contudo, este progresso (que é a própria história) supõe algo mais fundamental que o torna possível: a *existência humana*. Assim, descrever a história é descrever — e não construir — a história da experiência humana considerada em toda sua amplitude. Não somente a experiência de conhecimento do mundo e das coisas, mas toda e qualquer experiência, seja ela teórica, prática, estética, religiosa etc. Deve-se considerar a vida da consciência, conhecendo e desejando.[2]

Tema central do pensamento freudiano, fonte de indagações e elaborações ao longo de toda a história do pensamento ocidental, o desejo inquieta os homens por sua natureza ambígua. Com efeito, o desejo é a busca de um objeto que se imagina ser fonte de satisfação. É, portanto, acompanhado de um sentimento de falta, carência ou privação. Por outro lado, ele não sucumbe à satisfação, pois renasce no instante mesmo em que a alcança. Sua relação com os objetos é ambivalente: o desejo quer e não quer realizar-se.

Esta ambigüidade manifesta-se na própria etimologia da palavra, que deriva do verbo latino *desidero*, por sua vez, originado do substantivo *sidus* (*sidera*, no plural) que significa a figura formada por um conjunto de estrelas, ou seja, as constelações. De *sidera*, nasce *considerare* — examinar cuidadosamente, com deferência e respeito — e *desiderare* — deixar de ver e registrar a ausência, significando também "desejar".

Segundo Marilena Chauí[3], no campo das significações da teologia astral ou astrologia, *desiderium* insere-se na trama dos intermediários entre o mundo dos entes materiais (corpos e almas habitantes de corpos) e Deus. Eternos e etéreos, os intermediários siderais emitem envoltórios translúcidos com os quais protegem nossa alma, dando-lhe um corpo astral que a resguarda da destruição quando penetra na brutalidade da matéria, no instante da geração e do nascimento. Pelo corpo astral, nosso destino inscreve-se e escreve-se nas estrelas e *considerare* é, então, consultar o alto para encontrar nele o sentido e guia seguro de nossas vidas. *Desiderare* é, ao contrário, ser privado ou privar-se dessa referência, abandonando o alto ou sendo por ele abandonado. Deixando de olhar para os astros, *desiderium* é a decisão de tomar o destino nas próprias mãos, e o desejo chama-se, então, vontade nascida da deliberação. Ao deixar de ver os astros, porém, *desiderium* também significa uma perda, uma privação do saber sobre o destino. O desejo chama-se, então, carência, falta ou vazio que tende para fora de si em busca de preenchimento.[4]

O vínculo do desejo com o vazio reaparece claramente na *Fenomenologia do Espírito*[5], quando Hegel expõe a figura da autoconsciência[6] como *Begierde* — desejo como afirmação de si, pela negação do outro. Desejo que, como veremos, deve deixar de ser desejo de coisas naturais, tornando-se desejo de reconhecimento de si por um outro que também é autoconsciência, de modo que a efetuação do desejo passa necessariamente pelo desejo de suprimir a outra autoconsciência, obrigando-a a efetivar o reconhecimento que institui a humanidade. O desejo de reconhecimento culmina, assim, numa luta mortal entre as autoconsciências, na célebre dialética do senhor e do escravo que, por sua vez, só se encerrará na dialética da vida e do trabalho, onde a humanidade e a liberdade poderão ser refeitas pelo esvaziamento da ilusão de liberdade do senhor.[7]

Também na psicanálise, o desejo (*Wunsch*) aparece como vazio, firmemente unido à memória. Ligado aos traços mnésicos, o desejo busca realizar-se através da reprodução alucinatória das percepções antigas nas percepções presentes. O obscuro objeto do desejo não é, assim, algo real como um objeto natural, mas um sistema de signos formador do fantasma. A relação do desejo com a memória é, pois, uma relação com o tempo e o desejo constitui-se como temporalidade, como protelação sem fim da satisfação. Desligando-se do dado presente, o desejo encontra mediações que o remetem ao ausente, abrindo-se para o imaginário e o simbólico.

Seja como for, na modernidade, o desejo aparece mais firmemente ligado ao aspecto de vazio e de busca, instituindo o campo das relações intersubjetivas e constituindo a forma de nossa relação originária com o outro. Relação peculiar porque não desejamos propriamente o outro, mas desejamos ser por ele desejados. Desejamos ser desejados: o desejo é, então, *desejo do desejo do outro*. Segundo Kojève[8], esta é a definição hegeliana de desejo, tal como aparece no item A do capítulo IV da *Fenomenologia do Espírito*, entitulado "Independência e Dependência da Consciência de Si; Dominação e Servidão", notoriamente conhecido como "a dialética do senhor e do escravo". Este trecho da *Fenomenologia* seria (bem entendido, segundo a leitura de Kojève) uma narração alegórica da origem da existência humana individual e social a partir da animalidade, tendo o desejo como operador e mediador.[9]

Definida a problemática e acompanhado o desenvolvimento da consciência sensível até tornar-se autoconsciência, o próximo passo é investigar o modo como Kojève trata a questão do desejo a partir de Hegel, tendo em vista a importação, efetuada por Lacan, de seu comentário para o interior da teoria psicanalítica.[10] A seguir, verificaremos as convergências e as divergências fundamentais entre estas elaborações, tendo como referência o texto freudiano.[11]

DA CONSCIÊNCIA SENSÍVEL À AUTOCONSCIÊNCIA

O primeiro momento do desenvolvimento da consciência é marcado pelo saber ingênuo. Neste estágio, a consciência é natural e sensível; põe-se a conhecer o mundo somente pelos sentidos, pela *sensibilidade*. Ela ignora a si mesma e crê achar a verdade no objeto que lhe faz face, estabelecendo com ele uma relação imediata. Como se encontra no *aqui* e no *agora*, e sempre é aqui e agora, a consciência acredita encontrar a plenitude do objeto.

Mas, este "saber imediato" é, na verdade, saber *do* imediato; apenas um *isto* e um *este*, o objeto e a consciência sem determinação alguma. Apenas uma certeza sensível incapaz de exprimir qualquer conteúdo. E, na medida em que não há determinação alguma, também não há mediação.[12] *Aqui* e *agora* referem-se a todos os objetos que se apresentam e, por isso mesmo, a nenhum em particular. Assim, "(...) esta certeza se revela como a mais abstrata e a mais pobre verdade. Do que ela sabe ela exprime somente isto: é, e sua verdade contém somente o ser da coisa".[13] A verdade da certeza sensível é, simultaneamente, todo e nenhum ser. Por isso já é negação: não é nenhum objeto em particular, apenas a *universalidade* do aqui e do agora. O singular visado pela certeza sensível, ela mesma singular, mostra-se como seu contrário: só o que a consciência apreende é a universalidade. Mas, como a consciência sensível pode descobrir este caráter negativo em si mesma?

A consciência natural apresenta nela própria uma distinção fundamental: o *eu* e o *objeto*. Trata-se de determinar este objeto, determinar a essência do saber sobre este objeto, o que seria sua natureza permanente, o que poderia defini-lo. Esta essência se mostrava como um puro ser dado imediatamente: a verdade estava no objeto percebido, a partir de uma relação supostamente imediata. O objeto detinha a verdade e, por isso, era *essencial*; a consciência que pretendia conhecer esta verdade era *inessencial*. Ocorre ser a distinção mesma entre essencial e inessencial obra da própria consciência, que separa o *em si* do *para si*. Hegel afirma que também esta diferenciação supõe necessariamente uma mediação: "(...) nem um nem outro estão na certeza sensível somente *imediatamente*, mas aí estão ao mesmo tempo *mediatizados*: eu tenho a certeza pela mediação de um outro, a coisa precisamente, e esta está também na certeza pela mediação de um outro, precisamente o eu".[14]

Como vimos, num primeiro momento, o objeto é posto como essência, é imediato. Inversamente, o saber (a consciência) é inessencial e mediatizado. Mas, este saber apresenta-se como inconstante; só o que permanece é o *aqui* e o *agora*. Estes também não são imediatos, mas mediatizados. É negação, pois não é nenhum ser em particular: o objeto não se mostrou à consciência imediatamente. É preciso, então, retornar sobre o saber que se manteve, este sim, imediato. A verdade está no objeto apenas enquanto ele for *meu objeto;* ele *é* porque *eu* tenho um saber a seu respeito. Assim, o objeto não é mais imediato; a consciência retorna sobre si e entra em sua segunda experiência.[15]

Agora, a força da verdade está na imediatidade da própria consciência. A verdade é o que ela experimenta, enquanto experimenta. Mas esta posição sofre a mesma dialética da anterior. Em qual *eu* se encontra a verdade? "Eu, (...), vejo uma árvore e a afirmo como o aqui: mas um outro eu vê a casa e afirma que aqui não é uma árvore, mas antes uma casa. As duas verdades têm a mesma autenticidade, precisamente a imediatidade do ver, (...)"[16]

Só o que se percebe é a diferença. Cada uma destas verdades desaparece na outra; mesmo se se compara o saber de um mesmo eu em dois momentos no tempo. Resta disto um *eu universal*; apenas ele permanece, nesta diferença, como idêntico a si. A verdade é a verdade do eu como universal, do eu em geral. Assim, a essência da certeza sensível não está nem no objeto, nem no eu. A imediatidade não é nem de um, nem de outro, mas de sua *relação* vista como uma *totalidade singular*. Somente esta relação se mantém igual a si. Retornamos ao ponto de partida: à relação entre o eu e o objeto.[17]

Tal relação supõe, obviamente, dois termos ou momentos: o *ato de perceber* e o *objeto*. Este último é a unificação, a unidade dos diferentes momentos da percepção; é a coisa com suas múltiplas propriedades. Portanto, perceber é ultrapassar o sensível e atingir o universal. Eis o princípio da percepção resultante da dialética da certeza sensível.[18] O objeto e o eu se apresentam como universais: o *objeto em geral* e o *eu em geral*. Porém, o objeto se mostra à consciência como *uma* coisa com múltiplas propriedades. Assim, as propriedades devem ser o verdadeiro objeto da percepção. Conhecendo-as, pode-se conhecer o singular e ultrapassar a universalidade. Em seu desenvolvimento, a percepção vê nascer dois extremos: a universalidade e a coisa singular.[19]

No estágio anterior, o imediato foi ultrapassado pelo movimento de indicá-lo ou vê-lo. Indicar o *agora* é indicar o *agora universal* como multiplicidade de agoras simples e pontuais (o mesmo vale para o aqui). Nota-se que o ato de indicar opera uma síntese, abarcando uma multiplicidade: é o sensível ultrapassado e a postulação do *universal*. Mas este universal é condicionado, de outro lado, pelo próprio sensível, pois se define como um "conjunto simples de múltiplos termos".[20] Entretanto, mesmo condicionado pelo sensível, o universal é uma determinação do pensamento, e não das coisas. Por isso mesmo, não é dado à sensibilidade — é a *substância em geral*. Mas, o que a consciência busca é perceber *uma* coisa determinada e singular, o *um* exclusivo que nega a substância em geral.

Ocorre serem as coisas, ao mesmo tempo, universais e singulares. Isto constitui a coisa que a percepção tem por objeto; ser universal *e* singular. Vimos que isto é válido, neste nível, tanto para a consciência que percebe, quanto para a coisa percebida.[21] "Esta síntese de um diverso efetuada pela consciência, eis o ato de perceber; esta mesma síntese, mas como congelada, eis a coisa percebida."[22] De fato, um objeto só pode ser percebido como uno, na multiplicidade de suas qualidades, se o próprio eu assumir uma tal unidade. Objeto e eu são, portanto, sínteses de uma diversidade operadas pela consciência ao longo de seu desenvolvimento. Mas, a consciência percebe o objeto como autônomo e opõe-se a ele, como um dos termos implicados na relação.

Neste momento, a verdade se define como conformidade ao objeto, independente de qualquer reflexão que possa ocorrer. O critério na busca da verdade será a identidade, a igualdade a si mesmo do objeto percebido e a conseqüente exclusão de toda alteridade. Qualquer contradição deve ser creditada à consciência; o objeto é, por excelência, não-contraditório.[23] Acontece que, para Hegel, isto é insustentável. Para atingir a verdade segundo seus critérios, a consciência deve poder distinguir o que vem da coisa do que vem da reflexão e altera o verdadeiro. Mas esta reflexão se apresenta de modos diversos: não há como distinguir, com segurança, onde está a reflexão e onde está a coisa mesma. Como se o verdadeiro se refletisse fora de si mesmo, ao mesmo tempo que em si mesmo. Sem sabê-lo, a consciência percebe a si mesma no objeto, simultaneamente coisa e conceito.[24]

Neste movimento, objeto e consciência se modificam: o objeto torna-se *conceito*, e a percepção torna-se *entendimento*. Mas, o conceito *em si* ainda não é *para si*; ele é, para o entendimento, a *lei* e sua necessidade. Para a consciência perceptiva, tudo era *uma coisa* com propriedades a serem conhecidas. Diversamente, para o entendimento, a interrogação deve recair sobre a causa, não sobre as propriedades da coisa. Trata-se de *forças*, não de substâncias; como se um novo mundo nascesse para além do sensível — um mundo supra-sensível, o *Interior* ou o fundo das coisas como um sistema de leis. Leis que estão, aparentemente, para além do fenômeno, para além do que aparece; as leis da natureza. Inicialmente, tais leis são vistas como contingentes; mas, ao buscar sua necessidade, a consciência "retornará" a si e será consciência de si. Fenômeno e lei, mundo sensível e supra-sensível coincidirão. E a consciência de si será, finalmente, consciência singular, relação a si que pretende negar qualquer alteridade.

Ao buscar o sistema de leis, o entendimento crê descobrir a verdade, o Interior oposto à manifestação fenomenal. Mas, o entendimento não atinge nada além do próprio fenômeno. Hegel esclarece: "(...) o Interior ou o para além supra-sensível teve nascimento. Ele *provém* do fenômeno, e o fenômeno é sua mediação, ou ainda o *fenômeno é sua essência*, (...). O supra-sensível é o sensível e o percebido postos como eles são *em verdade*; mas a verdade do sensível e do percebido é de ser *fenômeno*. O supra-sensível é então o *fenômeno como fenômeno*".[25]

O mundo supra-sensível não deve ser entendido como um outro mundo para além do sensível. O mundo sensível encerra o supra-sensível em si mesmo, é simultaneamente ele mesmo e seu outro. Assim, as leis aparecem como determinações do próprio fenômeno, e não como exteriores a ele. O fenômeno apenas revela a si mesmo como regido por leis. Mas, estas leis são, na verdade, as leis do entendimento. De fato, o entendimento não atingiu nada além de si mesmo: os dois momentos, o do Interior e o do Interior que contempla este puro Interior, coincidem. A consciência pode passar ao estágio seguinte, pois, como entendimento, tornou-se sujeito do sistema das coisas, é conhecimento do mundo e de suas leis. E, porque estas leis são ela mesma, a consciência tornou-se *para-si,* como o ato que distingue o que não é distinto: é *consciência de si* ou *autoconsciência*.

KOJÈVE E A ORIGEM DA HUMANIDADE

Segundo Kojève, o homem toma consciência de si no momento em que, pela primeira vez, pode dizer "Eu".[26] Enquanto a consciência estiver perdida na contemplação dos objetos, estará alienada de si mesma numa atitude passiva frente ao mundo. Somente pelo *desejo*, este ser poderá constituir-se como um eu — é no e pelo desejo que o homem poderá revelar-se a si mesmo e aos outros como um eu essencialmente diferente e radicalmente oposto ao não-eu.

Tanto o eu do desejo, quanto o próprio desejo são vazios. Seu conteúdo positivo será determinado a partir do não-eu desejado, isto é, pela negação do não-eu que satisfaz e define o desejo hegeliano. Ao destruir, transformar e assimilar o não-eu, o eu assim formado tem a mesma natureza do objeto de seu desejo — a realidade subjetiva formada pela ação negadora do desejo será a mesma do não-eu desejado. Se o não-eu em causa for natural, o conteúdo do eu também será natural, dando lugar apenas a um sentimento de si, jamais a um eu humano, e o desejo permanecerá sendo tão somente um desejo natural.

Uma das condições para que o desejo se constitua como desejo humano é, portanto, que ele se dirija para algo não-natural. Ora, o único objeto não-natural é, neste ponto, outro desejo. De modo que, para dar lugar a um eu humano, o desejo deve desejar outro desejo. Deve ser *desejo do desejo do outro*, eis o que caracteriza o eu humano.

Assim, o eu só pode se constituir como humano (como autoconsciência, segundo os termos hegelianos) no encontro com outro eu também humano: o eu só pode apreender-se objetivamente num outro eu. Segundo esta leitura, aí tem origem a existência humana enquanto tal, neste encontro das autoconsciências. Com efeito, uma autoconsciência só existe para outra autoconsciência; esta é a condição ontológica da existência humana. Igualmente, o desejo só existe se for objeto de outro desejo: o desejo humano é sempre desejo do desejo do outro. Para que meu desejo se perpetue, seu objeto deve ser também desejo, simultaneamente idêntico e estranho ao meu. Mas, desejar um desejo é querer colocar-se como o valor desejado por este desejo, é desejar o valor desejado pelo outro, querer ser reconhecido como valor autônomo. O desejo é, então, *desejo de reconhecimento*, cuja mediação se faz pela *linguagem* — segunda condição para a constituição do humano.

Para Kojève, esta seria a origem da autoconsciência (do humano) necessariamente ligada a uma luta até a morte: "O homem 'se evidencia' humano arriscando sua vida para satisfazer seu desejo humano, (...)."[27] Se o desejo é negação — destruição, transformação e assimilação do objeto desejado — o encontro entre dois desejos, entre dois eus, leva a uma luta na qual cada um busca ser reconhecido pelo outro, impondo-lhe o seu desejo. Para se constituir como tal, a realidade humana deve ser reconhecida e a ação ou atividade propriamente humanas se caracterizam pelo ato de se impor ao outro — é preciso transformar o mundo onde não haja reconhecimento num mundo no qual o reconhecimento se opere. Nesta busca do reconhecimento, cada autoconsciência põe em perigo a vida da outra e aceita esta condição para si. Mas cada uma visa também à manutenção da própria vida, como liberdade e reconhecimento de sua autonomia.

Para este conflito, três soluções seriam hipoteticamente possíveis. A primeira supõe um equilíbrio entre os adversários e o conseqüente impasse relativamente ao reconhecimento. A segunda implica a fraqueza de um deles que aceita morrer. Finalmente, a terceira — aquela que caracteriza a relação entre senhor e escravo descrita por Hegel — refere-se à aceitação, por parte de um dos combatentes, da servidão resultante do reconhecimento do outro como senhor.[28]

Nem a primeira, nem a segunda seriam soluções adequadas, pois tanto o impasse, quanto a morte de um dos combatentes tornariam o reconhecimento impossível. É por isso que a luta se desenvolverá na direção de uma desigualdade entre as autoconsciências: uma delas, preferindo a vida, renuncia à liberdade, reconhece a outra e a ela se submete. Esta será a consciência servil, o escravo que aceita ser dominado e que deve trabalhar o mundo para proporcionar o gozo do senhor.[29]

Aparentemente, o escravo não se elevaria sobre a vida animal, pois não arriscou sua vida na luta. Reconhecendo o senhor em sua dignidade e realidade humanas, permaneceria um ser imediato e natural. Seria inautônomo, pois sua independência estaria fora dele, na vida, e não na autoconsciência. Por outro lado, o senhor seria humano, na medida em que foi objetivado e mediatizado pelo reconhecimento de um outro. Mas, para o senhor, este outro não é mais que uma coisa, já que não foi reconhecido. Daí a relação de domínio não ser uma relação a um outro igual a si: o reconhecimento é unilateral. E, se o reconhecimento é unilateral, ele não tem validade, pois o senhor é reconhecido por algo que ele mesmo não reconhece. Inversamente, a satisfação só poderia vir do reconhecimento por parte daquele a quem o senhor também reconheça, o que não é o caso.

E mais: se o escravo é uma coisa, o desejo do senhor não recai sobre outro desejo, tornando esta relação insuficiente. De qualquer modo, o senhor deseja obter seu gozo, e, para tanto, é preciso o escravo trabalhar o mundo, adequando-se ao desejo do senhor.

Nota-se que a relação estabelecida pelo senhor com a objetividade é dupla: ele deseja a realidade para obter seu gozo, e se relaciona com uma consciência que não se elevou acima da necessidade imediata, da pura existência biológica. Mas, esta dupla relação com a objetividade não é imediata: relativamente ao escravo, a mediação é o reconhecimento, relativamente à realidade, a mediação é o escravo. Assim, o senhor, aparentemente autônomo, revela-se inautônomo: ele depende do reconhecimento e do trabalho do escravo. É o escravo quem produz a riqueza do senhor, de modo que a verdade do senhor é o escravo e seu trabalho.

Para Kojève, aqui a relação se inverte: a verdade do domínio é a inautonomia e a verdade da servidão é a autonomia. O fracasso do senhor na busca do reconhecimento promove a inversão da relação. Somente a consciência servil poderá realizar verdadeiramente a autonomia; somente o escravo poderá concluir a mediação necessária à autoconsciência e tornar-se em-si e para-si, ou seja, razão.

Para o escravo, o senhor aparece como a verdade que deve, então, ser buscada fora dele (bem entendido, do escravo). Mas, esta verdade é o próprio escravo, pois ele é a verdade do senhor. Assim, o que o escravo encontra fora de si é ele mesmo. Além disso, é o escravo quem trabalha e transforma o mundo adequando-o ao desejo humano. O senhor apenas satisfaz completamente seu desejo e, neste gozo, nega a coisa. Neste processo, a servidão torna-se domínio, e o domínio, servidão.

De acordo com Kojève, o homem ou a humanidade surgiriam a partir da animalidade e definir-se-iam pela incidência do desejo sobre outro desejo. Nesse caso, o senhor, por ter como verdade o escravo — que, de seu ponto de vista, não passa de uma coisa —, não realiza a mediação necessária para sua realização como autoconsciência. E mais, depende do escravo sobre o qual exerce seu aparente domínio. Já o escravo encontra sua verdade (que é ele mesmo) fora de si e realiza sua mediação, elevando-se sobre a animalidade e exercendo o domínio. Para Kojève, o encontro necessário entre as autoconsciências exprime a origem do humano a partir da animalidade, da pura existência biológica.

Contudo, esta interpretação não é unânime. Jarczyk e Labarrière afirmam que esta idéia se apresentaria como uma espécie de "esquema universal" apto a decidir, em qualquer situação, sobre a verdade do homem.[30] Para estes comentadores, diferentemente de Kojève, a questão principal é a da relação da autoconsciência com a objetividade, relação que implica tanto uma autonomia, quanto uma inautonomia, fundamentais a qualquer autoconsciência. O ponto de partida já é a autoconsciência, a existência humana, e não uma suposta origem animal. Além disso, toda autoconsciência supõe, necessariamente, domínio e servidão, seja ela escravo ou senhor. Apenas, o escravo não está apto a realizar a mediação pela qual o senhor encontraria a sua verdade. Ao contrário do que propõe Kojève, não há uma inversão plana da relação, pois a inautonomia do escravo (que aceitou depender da imediatidade e aceitou ser escravo) somente revela a inautonomia do senhor que, por sua vez, encontra-se numa posição de impasse.

Segundo Kojève, o que advém para o senhor não é o reconhecimento.[31] O escravo, dependendo positivamente da vida, recuou diante da morte e não levou a cabo a negação absoluta, condição de sua autoconsciência. Assim, mostrou-se duplamente dependente da imediatidade: trabalha a coisa em benefício do senhor, mas não pode se engajar na satisfação de seu próprio desejo, não pode adquirir domínio sobre o mundo. Por não ter atingido sua autonomia, o escravo não pode reconhecer efetivamente o senhor. Isto só será possível quando seu olhar sobre si referir-se ao mundo que ele transforma, e não ao ponto de vista do senhor. Somente então, o escravo poderá exercer um domínio sobre o mundo, descobrindo-se como consciência autônoma.

Inicialmente, o escravo buscou sua verdade fora de si, e o senhor apareceu-lhe como essência. Porém, este foi apenas o primeiro momento, sempre necessário, de um processo de reflexão. O segundo momento é o encontro com a objetividade, que engendrará uma apreensão reflexiva de si mesmo. A passagem de um ao outro revela o próprio movimento no qual o escravo poderá se realizar. Assim, o terceiro momento é o do trabalho que, não anulando o desejo, faz dele o movimento de sua reflexão.

O trabalho dá ao escravo sua permanência no mundo humano, assumindo uma significação positiva: a essência da autoconsciência revela-se precisamente na coisa trabalhada. Ora, esta realidade objetiva na qual a consciência encontra a si própria é a mesma que ela temeu: era inicialmente o senhor e, em seguida, as coisas que era preciso transformar pelo trabalho. Ambas lhe eram estranhas; mas o escravo, no ato de dar forma às coisas, exprime e encontra nelas a si mesmo. O negativo aparece como criação.

Também neste ponto, Jarczyk e Labarrière divergem de Kojève.[32] Para eles, o trabalho em causa é, sempre, um trabalho servil assumido numa relação de serviço e de servidão. Não é o fracasso do senhor que inverte a relação, mesmo que seja a condição para que o escravo adquira o domínio em sua servidão. O desenvolvimento não é somente de um deles e, sobretudo, o escravo não deixou de ser autoconsciência por ser escravo. Há, sim, progresso para ambos, sem que possamos falar propriamente num reconhecimento. Senhor e escravo se descobrem, os dois, autônomos e inautônomos. A diferença entre eles reside precisamente na relação estabelecida com as coisas, com a objetividade. É nesta relação com a objetividade, que a autonomia do senhor se revela ilusória e limitada a uma afirmação puramente interior. Por outro lado, o escravo, assumindo plenamente esta relação de servidão (cuja origem foi o medo da morte), conhece sua autonomia. O que fez do escravo escravo não foi um recuo face à força do senhor, mas a proximidade angustiante da morte. E nesta experiência da negatividade radical — signo da autoconsciência que ele não deixou de ser —, ele escolheu a permanência no ser, na vida. Daí haver uma ligação direta, somente para o escravo, entre a servidão e a descoberta de que a negatividade essencial está nele mesmo.

Para estes comentadores, a questão principal é a da relação da autoconsciência com a objetividade — relação ilustrada por Hegel com as figuras do domínio e da servidão — e não o surgimento da humanidade a partir da animalidade, como propunha Kojève. Com efeito, a consciência servil pode encontrar, pelo ato de servir, seu ser para-si no exterior de si mesma, no senhor e nas coisas. O que está realmente em causa é a dimensão objetiva de toda subjetividade, a relação recíproca entre homem e mundo pressuposta pela relação entre os próprios homens. Nesta relação, a consciência descobre que o mundo faz parte dela e que, quando imprime forma às coisas pelo trabalho, ela é o próprio mundo. No trabalho, a dinâmica do desejo se realiza.[33]

Portanto, a questão que o desejo coloca é a da relação com a *objetividade*, e não a da origem do homem, pois o ponto de partida já é a própria autoconsciência e sua dimensão relacional, o próprio homem e a intersubjetividade fundamental.

DESEJO HEGELIANO E DESEJO FREUDIANO

Mesmo que a leitura lacaniana do desejo pareça aproximar, ou mesmo identificar as concepções hegeliana (leia-se kojeviana) e freudiana, tais pontos de convergência não revelam uma identidade conceitual plena. Em Freud, o desejo é pensado de um modo bastante específico a partir, principalmente, de sua conexão com a noção de *vivência primária de satisfação*.

Na *A interpretação dos sonhos*, Freud retoma a idéia, presente pelo menos desde 1895, de que o aparato psíquico se esforçaria inicialmente no sentido de manter-se o mais livre possível de estímulos — o célebre *princípio de constância* ou *princípio de inércia neurônica*. Daí a suposição de que a primeira estrutura do aparato seguiria o modelo do arco-reflexo: qualquer excitação que incida sobre o aparato pode ser imediatamente descarregada via atividade motora. Porém, Freud fala em excitações internas que fluem continuamente ligadas às necessidades corporais básicas, das quais deriva o que ele chama de "estado de urgência da vida" (*Not des Lebens*).

Ocorre que, ao nascer, o ser humano, diferentemente dos animais, é incapaz de eliminar as tensões decorrentes destas necessidades corporais. As descargas motoras, que têm lugar no início da vida, são insuficientes para fazer cessar a estimulação interna — o choro e a agitação motora não apaziguam a fome. É o famoso estado de *desamparo original*, que torna o pequeno e indefeso ser humano dependente de um outro que, este sim, pode realizar a ação específica capaz de interromper provisoriamente a estimulação interna e pôr fim à tensão desprazeirosa. Isto já nos indica a importância da intervenção deste outro como condição da constituição do aparato. Ao fim temporário da estimulação na fonte proporcionado pela pessoa prestativa, Freud denominou de *vivência de satisfação*, após a qual a "(...) imagem mnêmica fica, daí por diante, associada ao traço que a excitação produzida pela necessidade deixou na memória. Em decorrência do vínculo assim estabelecido, na próxima vez em que essa necessidade sobrevier, surgirá de imediato uma moção psíquica que procurará investir de novo a imagem mnêmica daquela percepção e produzir outra vez a percepção mesma, vale dizer, na verdade, reestabelecer a situação da satisfação primeira. Uma moção dessa índole é o que chamamos de *desejo*; (...)"³⁴ Nos termos do *Projeto* de 1895, três momentos correspondem à vivência de satisfação:

1. a descarga motora (realizada a partir da "ajuda alheia") que elimina o estado de tensão em ψ e o fim do desprazer correspondente em ω;³⁵
2. a ocupação de um ou vários neurônios de ψ *pallium*, derivada da percepção do objeto ou da pessoa prestativa que proporcionou a satisfação — correspondente ao registro da imagem mnêmica do objeto;
3. o recebimento da informação da interrupção do estado de estimulação noutros pontos do *pallium* — correspondente ao registro da imagem mnêmica da descarga.

Entre estes três registros, surge um circuito facilitado, ou seja, um caminho preferencial de eliminação da tensão a partir da ligação estabelecida entre estimulação–objeto–interrupção (prazer). Dito de outro modo, a vivência de satisfação dá lugar a uma facilitação entre as imagens mnêmicas registradas naquela ocasião. Quando o estado de desejo reaparecer, a energia tenderá a seguir este caminho facilitado, reanimando as imagens mnêmicas correspondentes, com vistas a reproduzir a satisfação obtida anteriormente — nos termos do livro dos sonhos, este processo visa a *identidade perceptiva*, isto é, a reprodução daquela percepção associada à satisfação. Com vistas a evitar o desapontamento, será necessário discernir entre a alucinação do objeto pelo reinvestimento da imagem mnêmica e a percepção de um objeto de fato presente — função do exame de realidade. A busca da identidade perceptiva deverá, então, dar lugar à *identidade de pensamento*, de modo que a própria atividade de pensamento será "(...) um rodeio para a realização do desejo".³⁶

Classicamente, esta articulação do desejo à vivência primária de satisfação fez com se abordasse o conceito de desejo a partir somente da busca de um objeto originário perdido, já que sua realização dependeria da reprodução da imagem deste objeto na percepção (alucinação), o que seria radicalmente impossível. Porém, com a interpretação de Lacan, o ponto central da relação do desejo com os traços mnêmicos, ou de modo geral, com a memória é deslocado: "Se ele [o desejo] vai dar numa satisfação alucinatória, é que, então, existe aí um outro registro. O desejo se satisfaz alhures e não numa satisfação efetiva. (...) Existe aí uma ordem outra que não vai dar em nenhuma objetividade, mas que define por si mesma as questões colocadas pelo registro do imaginário."³⁷ Isto nos permite afirmar não só que a realização de desejo supõe uma inscrição no simbólico, como sobretudo que a relação do homem com a exterioridade (seres e coisas) é, desde o início, desejante. Portanto, é uma relação eminentemente imaginária e simbólica, ou seja, desde o início, mediada pela linguagem e pela produção incessante de signos.

Vimos como o desejo está ligado, de um lado, à percepção e às imagens mnêmicas ou representações e, de outro lado, a uma estimulação interna ao corpo (mas externa ao aparato), à qual corresponde um aumento de tensão no psiquismo. Dito de outro modo, na concepção freudiana de modo global, o desejo aparece intimamente atado, de um lado, à urgência da vida, da qual nasce a busca de objetos de satisfação (ainda que nenhum possa proporcionar a satisfação total), e de outro lado, à imaginação (percepção, memória, fantasia e linguagem) pela qual o homem enlaça seu ser à exterioridade, carregando-a para sua interioridade. Ao mesmo tempo, o desejo impregna o externo de afetos, fazendo com que os seres e as coisas sejam percebidos como desejáveis ou indesejáveis, amáveis ou odiosos, fontes de alegria, tristeza, medo ou inveja.

De modo que, desde o início, o desejo é humano — não é antropógeno, como propõe Kojève. Se, para a psicanálise, a linguagem é o ponto de partida, o contorno do próprio campo psicanalítico, a dimensão humana já está instituída antes do advento do desejo num sujeito qualquer. A linguagem, ao mediar as relações entre o homem e o mundo, é condição do desejo. Na medida em que a organização da dispersão pulsional exige a intervenção do outro (mediada necessariamente pela linguagem e pelo desejo), o aparato psíquico constitui-se na e pela referência a um universo simbólico instituído de saída.

Vimos que a vivência primária de satisfação, produtora do diferencial inicial entre prazer e desprazer, só pode ser atingida por meio de um auxílio externo. Nas palavras de Freud, "o bebê faminto chorará ou dará pontapés, inerme. Mas a situação se manterá imutável, pois a excitação que provém da necessidade interna não corresponde a uma força que golpeie de modo momentâneo, mas a uma força que atua continuamente. Só pode haver mudança quando, de algum modo (no caso do bebê, através de auxílio externo), chega-se a uma vivência de satisfação que cancela o estímulo interno".[38]

Inicialmente há apenas uma superfície corporal indiferenciada, da qual partem excitações dispersas e desordenadas. Com a inscrição de diversos diferenciais prazer-desprazer, começa a haver um esboço de organização nesta superfície que, mais adiante, dará lugar a um eu unificado.

Já no Projeto, Freud escreve que "(...) esses dois processos ["atração de desejo" e propensão ao recalcamento] indicam que em y se formou uma organização cuja presença interfere nas passagens [de quantidade] que, na primeira vez, ocorreram de determinada maneira [ou seja, acompanhadas de satisfação ou dor]. Essa organização se chama o 'eu'".[39] O que Freud chama de eu, neste momento, são estas primeiras organizações ou sínteses passivas que, somente num segundo momento, se agruparão formando uma instância ativa e unificada.⁴⁰ São ainda pequenas formas estáveis capazes de limitar o escoamento total das excitações, sem nenhum tipo de acesso ao mundo externo. Portanto, o eu como unidade, como imagem unificada e identidade a si é uma instância produzida, e não inata ou natural.⁴¹

Esta organização inicial, que dará lugar ao eu, depende inteiramente da intervenção do outro, pela qual são inscritos os diferenciais prazer-desprazer. Ao mesmo tempo, são recobertos de significação, introduzindo o sujeito desde o início no universo da linguagem. A pura descarga motora, originada por uma tensão interna de caráter econômico, é nomeada e recortada num movimento que introduz a criança na ordem simbólica — a ordem humana por excelência. É o outro quem dá significação, por exemplo, ao choro da criança, reconhecendo aí a fome, a cólica ou o sono. É também o outro quem diz: "Sou tua mãe!" ou "Será médico!", inscrevendo o bebê num determinado regime de signos no qual, num segundo momento, ele se reconhecerá. Ao nomear, o outro institui o desejo e a condição humana deste pequeno ser. Lacan completa: "É no outro, pelo outro, que o desejo é nomeado. Entra na relação simbólica do eu e do tu, numa relação de reconhecimento recíproco e de transcendência, (...)."⁴²

Desse modo, para que possa haver um aparato psíquico e, portanto, para que o desejo (pensado como "moção psíquica") possa advir, é necessária — como em Hegel — a relação com o outro que, de um lado, introduz o sujeito numa dimensão simbólica, possibilitando seu advento, e, de outro, aprisiona-o num determinado campo imaginário construído pelo reconhecimento.

Em Lacan, o problema do desejo passa por suas relações com a necessidade e com a demanda — relações dialéticas, nas quais o desejo se constituirá também como desejo de reconhecimento, aproximando-nos de Kojève e de Hegel. A referência lacaniana é, inevitavelmente, a noção freudiana de experiência primária de satisfação, na qual ele reconhece a dimensão de uma *falta* irredutível.⁴³

Mikkel Borch-Jacobsen propõe que esta concepção negativa do desejo pela falta seja articulada a definições, também negativas, do objeto do desejo.⁴⁴ São elas:

1. O objeto do desejo não é um objeto no qual o sujeito se reconheceria simetricamente — não é, portanto, um objeto de conhecimento;
2. O objeto de desejo não é real, ou melhor, só o é no sentido em que é perdido (idéia derivada da impossibilidade da identidade perceptiva). Esta noção parece originar-se da definição do desejo em Kojève: o desejo só é efetivamente humano negando o ser real, desejando outro desejo;

3. O objeto do desejo também não é natural. Mais uma vez, revela-se a inspiração kojeviana de Lacan: para que o desejo seja humano, seu objeto deve ser outro desejo. Ou seja, não se trata do objeto da necessidade, real, natural e fixo, mas de sua negação;
4. O objeto do desejo, por não ser natural, também não é sexual, no sentido de um objeto decorrente de um instinto sexual.

Em poucas palavras, Lacan define o objeto do desejo como ser desejado, já que, a partir de Kojève, o desejo é desejo do desejo do Outro. Contudo, desejar ser desejado não significa desejar ser o objeto do desejo do Outro, mas, antes, desejar ser reconhecido em seu desejo — segundo Borch-Jacobsen, é isto o que diferenciaria as concepções lacaniana e kojeviana acerca do desejo.[45]

Como já sublinhamos anteriormente (pág. 10, *supra*), o ponto de partida não é, como em Kojève, um pequeno animal, mas sim, um pequeno humano. Para Lacan, a história do desejo começa pelo grito (pelo choro da criança no auge da fome, por exemplo), significado como uma demanda endereçada ao Outro. Nesse sentido, o grito já é linguagem, pois é sempre recebido pelo Outro como uma demanda de reconhecimento, de modo que o desejo só pode ser concebido no registro do simbólico articulado internamente à necessidade do pequeno bebê de ver mediatizada sua busca de objetos de satisfação por uma demanda, constituída como tal através da resposta do outro materno.[46]

A partir desta proposição, a noção freudiana de um estado de desamparo original do ser humano é interpretada como, sobretudo, uma dependência relativa ao desejo, e não como somente uma dependência biológica. O objeto do desejo não é engendrado a partir do objeto da necessidade, apoiando-se sobre ele: ao contrário, o desejo e seu objeto surgem pela negação da necessidade, implicada no fato mesmo da linguagem. Assim, nas palavras de Lacan: "A demanda em si se dirige a outra coisa do que às satisfações que ela apela. Ela é demanda de uma presença ou de uma ausência."[47] Na realidade, é uma demanda de amor como única garantia da presença da mãe. Daí a impossibilidade da satisfação plena de qualquer demanda, pois, para Lacan, a criança demanda sempre outra coisa além daquilo que a mãe lhe dá ou não — a satisfação da demanda deixa sempre a desejar.

NOTAS

1. Cf. CHATELÊT, F., "G. W. F. Hegel" in *História da filosofia – idéias, doutrinas, vol. V*, Rio de Janeiro: Zahar, 1974, págs. 170 e ss.
2. Cf. HYPPOLITE, J., *Génese et structure de la Phénoménologie de L'Esprit de Hegel*, Paris: Aubier, 1974, pág. 15. (Citado *Génese et structure...*).

3. "Laços do desejo" in *O Desejo* (org. Adauto Novaes), São Paulo: Cia das Letras, 1990, págs. 22-25.
4. Luiz Alfredo Garcia-Roza discute a definição de desejo como *falta*, propondo que, por ser referido à linguagem, o desejo seria mais convenientemente marcado por um *vazio*. A falta remeteria a ausência de um objeto perdido, ao passo que o vazio denotaria a própria impossibilidade da satisfação plena e, portanto, a parcialidade de qualquer objeto de desejo. Sobre o assunto cf. GARCIA-ROZA, L. A, *Introdução à Metapsicologia Freudiana 2*, Rio de Janeiro: Zahar, 1993, págs. 191-194.
5. *Phénoménologie de L'Esprit* (trad. Jean Hyppolite), Paris: Aubier, 1941. (Citado *PE*)
6. Jarczyk & Labarrière discordam quanto à utilização do termo *consciência de si*. Este termo levaria a supor que a consciência toma a si mesma como objeto, o que não parece ser o caso. Antes, a consciência *coincide* consigo própria. Só se constitui como tal nesta presença a si — é *sujeito* (e não objeto) na experiência do saber. Utilizaremos, portanto, o termo *autoconsciência*. Cf. JARCZYK, G. & LABARRIÈRE, J.-P., *Les premiers combats de la reconnaissance*, Paris: Aubier, 1987, págs. 73-74.
7. Como veremos, esta é a interpretação de Alexandre Kojève que tanto inspirou Lacan em suas formulações sobre o desejo na psicanálise.
8. *Introduction à La Lecture de Hegel*, Paris: Gallimard, 1968.
9. JARCZYK, G. & LABARRIÈRE, J-P., *op.cit.*, pág. 11
10. Nos anos de 1933-34 a 1939, Lacan assistiu o seminário de Kojève sobre a *Fenomenologia do Espírito*, na École des Hautes Études. Embora seu contato com Hegel fosse anterior, a leitura kojeviana influenciou muito algumas formulações de Lacan, dentre as quais podemos destacar a concepção do *desejo* como desejo do desejo do outro, e a definição do *estádio do espelho*. Tanto é que, em julho de 1936, Kojève escreve uma nota, provavelmente endereçada a Alexandre Koyrè, propondo um projeto de confrontação interpretativa entre Freud e Hegel, a ser escrito em colaboração com Lacan. Cf. ROUDINESCO, E., *Jacques Lacan – Esboço de Uma Vida, História de Um Sistema de Pensamento*, São Paulo: Cia das Letras, 1994, págs. 110-119.
11. Hegel também é o primeiro a apresentar propriamente o sujeito como um conceito, o que reforça nossa hipótese de que ele seja condição de possibilidade do sujeito em psicanálise. Nesta pesquisa enfatizamos apenas a questão do *desejo* na medida em que não trabalhamos com a história da filosofia de modo mais geral. Assim, apontamos o desejo como mais um elemento necessário na constituição do conceito de sujeito em psicanálise, deixando em suspenso uma discussão mais aprofundada sobre as noções hegelianas de *absoluto, espírito* e *sujeito*.
12. Determinar é especificar a natureza de um objeto através de uma predicação. Ao se determinar um objeto, exclui-se ou nega-se as características que não lhe pertencem. Assim, o que permanece é o *ser* ou a *essência* deste

objeto. Para Hegel, toda determinação é um ato racional que implica uma mediação porque supõe uma negação. De modo que a determinação pode ser definida como a negação posta como afirmativa. Mas, esta determinação é apenas um momento na apreensão do real, e não sua mediação completa.

13. *PE*, vol. I, pág. 81.
14. *Idem*, pág. 82.
15. Cf. HYPPOLITE, J., *Génese et structure* ..., págs. 93-94.
16. *PE*, vol. I, pág. 86.
17. Importa notar que, em Hegel, o retorno aparece como condição do avanço. Não se trata de uma regressão ao momento anterior tal qual ele se deu, não se retorna ao mesmo ponto do qual se partiu. Inversamente, o itinerário da consciência se apresenta como em espiral, como quase círculos que se superpõem.
18. O momento da percepção aparece como resultado de uma gênese dialética *para nós* (filósofos); o isto singular foi ultrapassado (*Aufheben*). Entretanto, para a consciência fenomenológica, ele foi suprimido. O objeto que nasce tem, para a consciência, o estatuto de um novo objeto. Cf. *PE*, vol. I, pág. 93n.
19. Cf. HYPPOLITE, J., *Génese et structure* ..., págs. 93-95 e HEGEL, *PE*, vol. I, págs. 100 e 101.
20. HYPPOLITE, J., *Génese et structure* ..., pág. 105.
21. A se fazer uma analogia (proposta pelo próprio Hegel), a consciência como universal seria a *res cogitans* e a coisa percebida em geral, a *res extensa*.
22. HYPPOLITE, J., *Génese et structure* ..., pág. 107.
23. Cf. *PE*, vol. I, pág. 97.
24. Cf. HYPPOLITE, J., *Génese et structure* ..., págs. 105-108.
25. *PE*, vol. I, págs. 121-122.
26. *Op. cit.*, pág. 11
27. *Op. cit.*, pág. 14.
28. Cf. CHATELÊT, F., "G. W. F. Hegel" in *História da Filosofia – Idéias, Doutrinas, vol. V*, Rio de Janeiro: Zahar, 1974, pág. 182.
29. Há uma discussão sobre a utilização do termo *escravo*. O termo original é *Knecht*, que seria melhor traduzido por *servo*, segundo alguns comentadores e tradutores de Hegel. *Servo* designa o indivíduo que exerce sua força de trabalho para um senhor por conta de uma domesticação. Por isso, Hegel fala numa *consciência servil*. Contudo, utilizaremos o termo *escravo*, apesar das ambigüidades, por ser o mais freqüentemente usado. Sobre esta discussão, cf. JARCZYK, G. & LABARRIÈRE, J-P., *op. cit.*, págs. 74-75.
30. *Op. cit.*, pág. 11
31. *Op. cit.*, pág. 16.
32. Cf. *op. cit.*, págs. 113 e ss.
33. Cf. *op. cit.*, págs. 130 e ss.

34. FREUD, S., 'A Interpretação dos sonhos', vol. 5, pág. 557-8. O grifo é meu.
35. Com o aumento de Qn em y, w também foi ocupado, o que acarretou o aparecimento de desprazer. Após a ação específica, a tensão diminui e surge, em w, a sensação de prazer.
36. FREUD, S., 'A Interpretação dos sonhos', vol. 5, pág. 558.
37. *O Seminário, Livro 2*, pág. 267.
38. FREUD, S., 'A Interpretação dos sonhos', vol. 5, pág. 557.
39. Vol. 1, pág. 368.
40. Cf. DELEUZE, G., *Diferença e Repetição,* Rio de Janeiro: Graal, 1988, págs. 166-9.
41. No texto sobre o narcisismo, de 1914, Freud reafirma esta idéia supondo que se, de um lado, o ego como unidade não existe desde o início, de outro, as pulsões auto-eróticas lá estão. Cf. 'Sobre o Narcisismo: Uma Introdução', vol. 14, pág. 93.
42. *O Seminário, Livro 1*, pág. 206.
43. A conceitualização do desejo como falta poderia ser amplamente discutida a partir de uma confrontação entre a interpretação lacaniana e o texto freudiano. Não há, em Freud, a noção de falta tal qual Lacan a postula — a derivação lacaniana desta noção a partir do texto freudiano é menos óbvia do que estamos acostumados a pensar. Ainda que Freud aponte a impossibilidade da identidade perceptiva, ainda que seja possível deduzir, a partir disso, a perda de um objeto originário, não é evidente que se trate aí de uma elaboração inconsciente do conceito de falta. Infelizmente, serei obrigada, por questões técnicas, a deixar este debate em aberto para uma outra oportunidade.
44. BORCH-JACOBSEN, M., *Lacan – Le Maître Absolu,* Paris: Flammarion, 1995, págs. 238 e ss.
45. Cf. *idem*, pág. 241.
46. Cf. LACAN, J., *O Seminário – Livro 4*, Rio de Janeiro: Zahar, 1995, pág. 192: "Desde a origem, o grito é feito para que se tome conhecimento dele (...).", ou ainda, "Trata-se do choro na medida em que ele convoca sua resposta, que faz apelo (...)."
47. LACAN, J., "La Signification du Phallus" in *Écrits*, Paris: Seuil, 1966, págs. 690-691.

PARTE II
O Sujeito Freudiano

CAPÍTULO 4

O Inconsciente

> "O que está em sua mente não coincide com aquilo de que você está consciente; o que acontece realmente e aquilo que você sabe, são duas coisas distintas. Normalmente, admito, a inteligência que alcança a sua consciência é suficiente para as suas necessidades; e você pode nutrir a ilusão de que fica sabendo de todas as coisas importantes. Em alguns casos, porém, (...), a função da sua inteligência falha e sua vontade, então, não se estende para mais além do seu conhecimento."
>
> SIGMUND FREUD

Até Freud, o termo 'inconsciente' era usado adjetivamente como referência a algo que não era capaz de consciência ou estava à sua margem. Diferentemente, Freud convida a fazer do adjetivo um conceito, definindo o inconsciente como um "lugar", um *sistema psíquico* dinâmico. Deslocada da posição central que ocupava nas concepções do que é o pensamento, desde Descartes até Hegel, e reduzida em extensão e relevância, a consciência deixa de representar o psiquismo e de definir o sujeito. Não sendo mais o lugar da verdade, é somente um efeito de superfície.

Com a consciência assim descentrada, o sujeito não se constitui mais por um ato da razão. O que é consciente é apenas uma pequena parte dos múltiplos sentidos, das múltiplas significações possíveis. Isto não significa que, a um sujeito consciente de si, tenha-se acrescentado um novo aspecto, precisamente o inconsciente. Não é o sujeito identificado à consciência, no tempo e desejante de reconhecimento que ganha características até então desconhecidas, por um progresso devido a novas descobertas. Com Freud, um sujeito é produzido. É ainda este que somos agora, mas talvez nem sempre tenha sido assim. *Inconsciente* e *sujeito do inconsciente* são conceitos. Ninguém tinha um inconsciente antes de Freud, e é questionável se, de fato, temos um inconsciente que nos seja próprio.

Tal discussão não cessa de dividir os estudiosos da teoria psicanalítica. De um lado, Jean Laplanche, defendendo uma espécie de ontologização, afirma que o inconsciente existe como realidade e é individual: "(...) está dentro da cabeça de cada um".[1] De outro lado, Juan-David Nasio (a partir da leitura de Lacan) afirma ser o inconsciente uma hipótese, um nome, um conceito, válido apenas dentro da teoria psicanalítica e de seu campo de abrangência.[2] Neste livro, escolhemos pensar a partir deste último ponto de vista, pois supor a existência real do inconsciente em cada indivíduo seria naturalizar este conceito e o próprio sujeito psicanalítico. Inversamente, parece-nos que tanto um, quanto outro, são produções conceituais, para as quais foram necessárias certas condições de possibilidade e de pensabilidade.

O LUGAR DA CONSCIÊNCIA

No texto *A interpretação dos sonhos*, Freud nos oferece um esquema do aparato psíquico definindo-o como "(...) um instrumento composto a cujos componentes daremos o nome de 'instâncias' ou (em prol de uma clareza maior) 'sistemas'".[3] A representação gráfica deste aparato dispõe os sistemas topicamente, estabelecendo entre eles uma relação espacial constante; ou seja, Freud apresenta a idéia de uma *localização psíquica*. Mas, ele também adverte o leitor que esta localização não deve ser determinada a partir da anatomia. Os lugares psíquicos, nos quais as representações estariam localizadas, são lugares ideais e virtuais cujo conjunto forma o aparato como um todo.

Este aparato não é concebido como um sistema isolado, já que apresenta uma extremidade sensorial (ou perceptiva), através da qual os estímulos endógenos e exógenos são apreendidos, e uma extremidade motora, pela qual as excitações recebidas serão descarregadas, via atividade motriz. Noutras palavras, os processos psíquicos seguem a direção que parte da extremidade sensorial e alcança a motora. Contudo, a descarga não é total, uma vez que este aparato é capaz de reter *traços mnêmicos* das percepções que lhe chegam. Ele é, fundamentalmente, um *aparato de captura* dos estímulos endógenos e exógenos.[4]

Porém, se todos os estímulos fossem capturados em toda a sua intensidade, o aparato psíquico não resistiria. Por isso, os estímulos devem ser filtrados, de modo que ele seja protegido contra intensidades excessivamente fortes. Assim, o aparelho perceptivo, localizado na extremidade sensorial, consiste em duas camadas. Por fora, há um escudo protetor, resguardando o aparato contra quantidades excessivas de estimulação; por trás desta proteção, há uma superfície, responsável pela recepção dos novos estímulos. Esta superfície — o *sistema perceptivo* (Pcpt.) propriamente dito — é a porta de entrada do aparato.

Contudo, se este sistema fosse o responsável pelo armazenamento dos traços, ou seja, pela *memória*, em pouco tempo o aparato não perceberia mais nada, pois não haveria mais "espaço" nesta superfície. Percepção e memória ocorrem em sistemas distintos: o sistema Pcpt. recebe os estímulos, e os *sistemas mnêmicos* os armazenam sob a forma de traços mnésicos permanentes, que se associam entre si, formando as *representações*. Um mesmo sistema não poderia restaurar seu estado de coisas anterior, de modo que novas percepções pudessem ser acolhidas, e, simultaneamente, armazenar os traços que formam as representações e encadeam o pensamento. Memória, armazenamento e associação entre traços mnêmicos e representações são operações próprias aos sistemas mnêmicos.

Ao lado destes sistemas, encontram-se o *sistema inconsciente* (Ics.) e, logo a seguir, o *pré-consciente* (Pcs.). No sistema Ics., os traços armazenados se associam entre si, formando o que Freud denomina de *representações-coisa*. Imediatamente depois deste sistema e imediatamente antes da extremidade motora, localiza-se o Pcs., que é o sistema responsável, como o nome já indica, pelo acesso à *consciência* e à atividade voluntária. Assim, as representações-coisa (conteúdos do inconsciente) se ligam às *representações-palavra*, no Pcs., para chegar à consciência e à fala.[5] Nota-se que, neste esquema, a consciência está situada na extremidade oposta à extremidade perceptiva; percepção e consciência estão separadas topicamente.

No *Projeto para uma psicologia científica* (1895), Freud propunha percepção e consciência constituindo um mesmo sistema, o *sistema ω de neurônios*, uma vez que os processos perceptivos implicariam, por sua natureza, a consciência. Assim como o sistema perceptivo de 1900, o sistema ω exige uma permeabilidade constante, incompatível com o armazenamento das excitações. Esta função ficaria a cargo de um outro sistema: o *sistema ψ de neurônios*, cujos processos seriam, portanto, inconscientes. Voltaremos a estes dois sistemas neurônicos mais adiante. Por hora, basta percebermos que, em 1895, percepção e consciência são situadas conjuntamente, o que é contraditório com o que é apresentado em *A interpretação dos sonhos*.

Ainda, numa nota de rodapé acrescentada, em 1919, ao texto de 1900, Freud propõe que "(...) o sistema seguinte ao Pcs. é aquele a que se deve atribuir a consciência, ou seja, que *Pcpt. = Cs*".[6] Nesse caso, somos autorizados a localizar a consciência simultaneamente nos dois extremos do aparato: junto à percepção, como em 1895, e junto à extremidade motora, como exige a disposição tópica do modelo de aparato proposta em 1900. A consciência é associada ao sistema perceptivo, constituindo o *sistema Pcpt-Cs*, e, ao mesmo tempo, é associada ao pré-consciente, constituindo o *sistema Pcs-Cs*.

Uma decisão definitiva quanto à localização da consciência parece não ser possível. Tanto é que, nos textos *O ego e o id* (1923), *Uma nota sobre o bloco mágico* (1924) e *Novas conferências introdutórias* (1932), consciência e percepção constituem um mesmo sistema. Ao passo que, tanto no *A interpretação dos sonhos* (1900), quanto na *Carta 52* (1896), a consciência é separada da percepção e situada logo antes da saída motora, por uma exigência de coerência lógica. Se os processos psíquicos seguem a direção do Ics. para o Pcs., e daí para a consciência, só podemos situá-la próxima à extremidade motora. Consciência e percepção estão, obrigatoriamente, separadas topicamente, em extremidades opostas do aparato psíquico.

Porém, no texto *Além do princípio do prazer* (1920), Freud afirma que "(...) a consciência pode ser, não o atributo mais universal dos processos mentais, mas apenas uma função especial deles".[7] E mais, afirma ser a consciência função de um sistema específico — o *sistema Cs*. — que produz as percepções de excitações provindas do mundo externo, e as sensações de prazer e desprazer provenientes do interior do aparato. Em seguida, ele afirma que a consciência surge no sistema perceptual "*em vez de*" um traço de memória, reiterando a idéia de que um mesmo sistema não pode perceber os estímulos e armazenar os traços.[8] Esta afirmação volta a ser feita quatro anos mais tarde.[9]

Com isso, o número de notações sobe para três: *sistema Pcpt-Cs.*, *sistema Pcs-Cs.* e *sistema Cs*. Em termos lógicos, estas três notações ou hipóteses fazem sentido. É possível pensar a consciência associada à percepção, como uma qualidade momentânea que acompanha as percepções externas ou internas — sistema Pcpt-Cs.. A segunda notação é também coerente: se, para atingir à consciência, os conteúdos inconscientes devem necessariamente passar pelo Pcs., é lícito supor que pré-consciente e consciência formem um mesmo sistema — sistema Pcs-Cs.. A terceira notação é utilizada por Freud, em 1920 e mesmo antes, já em 1900: "(...), só podemos encarar a percepção consciente como a função própria de *um determinado sistema* e, para este, a abreviação *Cs*. parece apropriada".[10] Mesmo que, logo a seguir, ele nos aponte semelhanças com o sistema perceptivo, não se trata de reduzir um ao outro. Infelizmente, não temos maiores explicações a este respeito, o que torna este tema ainda mais torturante: o artigo sobre a consciência não chegou a ser publicado.

Embora não possamos decidir quanto à sua localização, fica claro que, por estar nas extremidades do aparato, a consciência nem é parte integrante deste, nem lhe é exterior, pois se localiza em seus limites. Está voltada para dentro e para fora, acompanhando as percepções endógenas e exógenas. Também não participa da economia energética do aparato, pois não é capaz de acúmulo de energia ou de traços. Sua energia é livre, e em quantidade mínima, para que ela seja capaz de investir este ou aquele elemento, constituindo o fenômeno da atenção. Nota-se ser a consciência somente uma *qualidade* que acompanha, ou não, os processos mentais, cuja maior parte é inconsciente. Neste sentido, a consciência perde em extensão e importância. Se, desde Descartes, era ela que definia o humano, e mesmo o sujeito; com Freud, a consciência é deslocada da posição central que ocupava.

CONSCIÊNCIA E TEMPO

A partir da especificidade da localização psíquica dos diversos sistemas que constituem o aparato, a consciência deixa de definir o pensamento. Mas, ainda é ela a mediadora da nossa relação com o mundo externo. Nesta relação, fazemos referência a um passado, um presente e um futuro, ou seja, temos uma idéia de tempo.[11] Para fazer referência a um passado, é preciso haver memória. No entanto, se consciência e memória são incompatíveis a um mesmo sistema, de onde pode vir esta idéia de tempo? O que nos faz supor um passado, um presente e um futuro?

No artigo *O inconsciente* (1915), Freud apresenta a idéia de que a referência ao tempo estaria vinculada ao trabalho do sistema Pcpt-Cs., ou seja, a introdução do tempo no psiquismo se daria pela consciência. Neste caso, trata-se da "idéia abstrata", portanto, do conceito de tempo e de como ele se forma, não da noção fenomenológica de tempo vivido. O tempo é *construído* por um sistema psíquico específico, não sendo forma *a priori* da sensibilidade. O que já nos adverte para a diferença entre o tempo do qual nos fala Kant e o tempo em relação ao qual o sujeito psicanalítico se constitui.

De qualquer modo, somos levados a perguntar: como a construção da idéia de tempo poderia se dar, levando em conta que o sistema Cs. se associa à percepção? Esta questão apresenta alguns problemas.

Freud afirma que o investimento no sistema Pcpt-Cs. é enviado e retirado em rápidos impulsos periódicos. Uma vez retirado o investimento, a consciência que acompanha a percepção, e o funcionamento deste sistema em geral, extingue-se momentaneamente. Há, então, uma descontinuidade na percepção das excitações, aparentemente articulada ao problema da origem da idéia de tempo: "Tive ainda a suspeita de que esse método descontínuo de funcionamento do sistema Pcpt-Cs. jaz no fundo da origem do conceito de tempo."¹² Mas, o que isto quer dizer? Como relacionar este modo descontínuo de funcionamento à origem do conceito de tempo? Se é verdade, como acabamos de ver, que as percepções se dão descontinuamente, como o sistema Pcpt-Cs. forneceria uma linearidade temporal, na qual o passado antecede o presente, que caminha para o futuro?

A percepção fornece instantes pontuais, cuja articulação e associação entre si devem se dar noutro sistema, precisamente, naquele que armazene os traços mnêmicos; fornece apenas uma sucessão de momentos descontínuos, nos quais uma percepção surge independentemente da anterior e somente após seu desaparecimento. Só o que se produz é a percepção de instantes, não a idéia abstrata ou o conceito de tempo propriamente dito. Nada permite diferenciar os elementos sucessivos, o anterior e o posterior, não havendo uma explicitação de como se chega à idéia abstrata de tempo a partir deste modo descontínuo de funcionamento do sistema Pcpt-Cs.. Seria preciso supor o concurso de processos intermediários, não explicados por Freud, que promovessem esta passagem. Até aqui, apenas sabemos não poder ser a consciência ou qualquer outra instância redutível à percepção. Neste caso, de onde viria a temporalização subjetiva? Como vimos, no texto *Uma nota sobre o bloco mágico* (1924), a descontinuidade do funcionamento perceptivo decorre do envio e da retirada de rápidos investimentos periódicos oriundos do inconsciente. Assim, possivelmente, a idéia abstrata de tempo está relacionada ao tempo de operação deste sistema.¹³

Novamente, o Ics. aparece como

> "(...) a esfera mais ampla, que inclui em si a esfera menor do consciente. Tudo o que é consciente tem um estágio preliminar inconsciente, ao passo que aquilo que é inconsciente pode permanecer nesse estágio e, não obstante, reclamar que lhe seja atribuído o valor pleno de um processo psíquico. O inconsciente é a verdadeira realidade psíquica: (...)."¹⁴

Dizer que "o inconsciente é a verdadeira realidade psíquica" é dizer que o psíquico (ou a subjetividade) não é igual à consciência, que o pensamento não se dobra sobre si mesmo, adquirindo unidade e identidade. O que é consciente é apenas uma pequena parte dos processos psíquicos: é somente a superfície do que é possível pensar. A consciência é função de um sistema particular, ela não domina a vida psíquica inteiramente, não é o único modo possível das representações. Até Freud, o termo inconsciente tinha apenas um sentido adjetivo, qualificava o que estava à margem da consciência, ou mesmo o que não era pensamento, já que pensamento era igual a pensamento consciente. Com a apresentação do modelo de aparato psíquico da *Interpretação dos sonhos* (1900), o termo inconsciente será usado para designar um dos sistemas psíquicos, um dos lugares psíquicos virtuais.[15]

Estes lugares psíquicos formam, como vimos, o aparato. Contudo, este aparato não é inato, ele é constituído, permitindo-nos afirmar que também o Ics. não é dado, mas um sistema constituído a partir de certos mecanismos e de certos movimentos conceituais.

O RECALQUE PRIMÁRIO

O Ics. tem sua atividade na direção de um livre escoamento das excitações, por oposição ao sistema Pcs., cuja função é inibir esta livre descarga para que a *ação específica* possa ser adequada.[16] É que o funcionamento do aparato psíquico tem como referência a *experiência primária de satisfação*, quando se constitui o diferencial entre prazer e desprazer. O objetivo da ação específica é reproduzir esta experiência, a partir de uma identidade perceptiva, de uma identidade entre representações. Deste modo, a energia circula livremente no Ics., buscando as representações associadas ao prazer. Este processo recebe o nome de *processo primário*, cujo princípio de funcionamento é o *princípio do prazer*, preponderante no sistema Ics., mas também presente no outro sistema.[17]

Ocorre que o inconsciente não é capaz de percepção, não é capaz de distinguir um objeto alucinado de um objeto real, de modo que o aparato pode se enganar e, neste engano, a ação específica provoca um desprazer inevitável. É preciso, então, ainda outro princípio que corrija e regule a atividade do aparato, para que ele possa obter algum nível de prazer. Esta regulação e orientação é fornecida pelo *princípio de realidade*, cuja função é inibir e limitar os processos primários, e cujo objetivo é a identidade de pensamento. Este processo recebe o nome de *processo secundário*. Topicamente, o processo secundário está referido ao sistema Pcs., ao qual cabe a função de discernir a representação que possibilitaria a resposta satisfatória, pois está em contato com o mundo externo, com os objetos percebidos.

Podemos dizer que o sistema Pcs. funciona como instância crítica, e o sistema Ics., como instância criticada. A finalidade da crítica é interditar o acesso à consciência das representações (da instância criticada) que possam causar desprazer. O mecanismo de interdição, neste caso identificado a um processo de defesa, recebe o nome de *recalque*.[18] Sua função é impedir o acesso de determinados processos à fala e, portanto, à consciência. O recalque impede a articulação das representações-objeto às representações-palavra e a sua chegada à consciência — está situado topicamente na fronteira entre o Ics. e o Pcs. Neste sentido, o recalque seria uma atividade do *eu*, para impedir que determinado processo do sistema Ics. resulte em desprazer.[19]

Mas, o que foi recalcado exerce uma atração constante sobre os conteúdos do Pcs., aos quais possa ligar-se para escoar sua energia. Assim, o conflito é inevitável.[20] De um lado, o desejo inconsciente buscando realização via Pcs.; de outro, o eu defendendo-se do desejo recalcado. Mas, como o Pcs. opera o recalque? O Pcs. só pode investir uma representação se for capaz de inibir o desprazer que dela decorreria. Esta inibição não pode ser total, pois é preciso um mínimo de desprazer para informar a tal sistema a ameaça oferecida pela representação em questão. A função do Pcs. é, assim, dirigir os impulsos impregnados de desejo, oriundos do inconsciente, por caminhos mais convenientes, e não eliminá-los e a seus efeitos completamente. O recalque não impede a satisfação. Ao contrário, todos os sistemas psíquicos são partes do aparato e trabalham no sentido da obtenção de um nível ótimo de equilíbrio entre as exigências pulsionais e as culturais. O recalque está a serviço da satisfação, e não contra ela. Apenas, a satisfação obtida é oblíqua e indireta.

Assim, a relação entre os dois sistemas é mediada pelo recalque. E, se há *dois* sistemas opostos, devemos supor uma *cisão da subjetividade* (*Spaltung*). Não se trata de um caso de dupla personalidade, mas de uma divisão relativa ao universo simbólico do sujeito, como se uma parte ficasse silenciosa, sem acesso imediato à consciência e à fala. Esta parte silenciosa equivale ao sistema Ics., por oposição ao Pcs-Cs. Porém, de um lado, a diferenciação mesma entre os dois sistemas exige o recalque como origem, e, de outro lado, o recalque é um mecanismo próprio ao Pcs-Cs, contra os efeitos do Ics.[21]

Face a tal impasse, Freud propõe um desdobramento do processo de recalque em três fases. A primeira é a *fixação* (ou *recalque originário*); a segunda é o *recalque propriamente dito*; e a terceira é o *retorno do recalcado*.[22] A primeira fase, a fixação, é a precursora e a condição *sine qua non* de todo recalcamento posterior. Consiste num primeiro delineamento dos sistemas ou lugares psíquicos. A fixação se refere, mais especificamente, ao apego da pulsão em seus representantes psíquicos, correspondendo à fixação das excitações nestes representantes. Mas, este é um processo passivo, inversamente ao recalque propriamente dito, que se caracteriza por ser ativo. Assim, as fixações são responsáveis pela formação das primeiras estruturas do aparato, correspondendo às *ligações* — apresentadas por Freud no *Projeto* (1895) —, que tem por função limitar o livre escoamento das excitações. Desse modo, o estado inicial de dispersão começa a engendrar uma organização, dando origem a um esboço inicial do aparato psíquico, a uma primeira demarcação dos sistemas.

Portanto, podemos afirmar que, neste momento, não há o inconsciente, uma vez que estes representantes primordiais não constituem ainda as representações e suas articulações. A rede de representações não está formada como tal, pois estes representantes ainda são sem significação. Esta advirá pela relação destas associações de traços com a representação-palavra, em suma, com a linguagem. Desse modo, o recalque originário é anterior ao inconsciente como sistema e é sua condição, pois promove uma demarcação interna ao psíquico, como referência para o recalque propriamente dito. Podemos dizer que os termos 'recalque originário', 'fixação' e 'ligação' são equivalentes — mas não sinônimos — aos quais correspondem o momento de formação das primeiras organizações psíquicas.

O recalque originário também pode ser abordado a partir da noção de *oposição significante*. Nesse caso, os representantes ideativos da pulsão devem ser considerados analogamente aos elementos da linguagem. Deste ponto de vista, o recalque primário constitui as formas primordiais de simbolização, oposições significantes anteriores à entrada no universo simbólico, à aquisição da linguagem. Um bom exemplo é a célebre oposição *fort-da*, pronunciada pelo netinho de Freud, e relatada na segunda parte do texto *Além do Princípio do Prazer* (1920). Para Lacan, estas oposições são originariamente fornecidas pela própria natureza, que lhes oferece um suporte, "elas se prendem a tudo que a natureza possa oferecer como suporte, suportes que se dispõem em temas de oposição. A natureza fornece, (...), significantes, e esses significantes organizam de modo inaugural as relações humanas, lhes dão as estruturas, e as modelam".[23] Estas oposições significantes são apreendidas, formando uma cadeia inicial, à qual a energia pulsional se liga — correspondendo à fixação. São a estrutura fundamental do inconsciente.[24]

Porém, o recalque originário não deve ser entendido como um momento pontual, cronológico ou datado. Trata-se, ao contrário, de um instante "(...) mítico, pois jamais alguém pode pregar um significante a um significante e ver o que acontece".[25] É apenas a construção de uma gênese lógica, quase didática, do sistema inconsciente.

Esta ressalva não impede a necessária pergunta que nos acompanha desde o início: se o aparato psíquico é constituído por sistemas mnêmicos, e se o inconsciente é um destes sistemas, isto significa que ele exista como objeto empírico? O inconsciente é ontológico?

A-TEMPORALIDADE DO INCONSCIENTE: A MONTAGEM CONCEITUAL

> "O inconsciente freudiano nada tem a ver com as formas ditas do inconsciente que o precederam, mesmo as que o acompanhavam, mesmo as que o cercam ainda. (...) O inconsciente de Freud não é o inconsciente romântico da criação imaginante. Não é o lugar das divindades da noite."[26]

O inconsciente não é o misterioso, o caótico, o mais profundo da alma humana ou o que está abaixo da consciência, nem é algo que tenha profundidade: em psicanálise, "inconsciente" designa um sistema organizado e estruturado, contraposto a outro sistema. Inconsciente e Pré-consciente/Consciente são sistemas diferenciados, com sintaxes e modos de articulação distintos entre as representações. Daí a referência a *pensamentos inconscientes*, o que não significa estarem estes pensamentos contidos em algum lugar localizável geograficamente. Se fosse assim, as representações ocupariam espaço, como coisas.

Para Freud, as representações não estão localizadas em elementos orgânicos do sistema nervoso, mas em lugares psíquicos virtuais: "(...) as representações, os pensamentos e as estruturas psíquicas em geral nunca devem ser encarados como localizados em elementos orgânicos do sistema nervoso, mas antes, por assim dizer, *entre* eles, (...). Tudo o que pode ser objeto de nossa percepção interna é *virtual*, tal como a imagem produzida num telescópio pela passagem dos raios luminosos".[27] O sistema inconsciente (conjunto de processos e representações) é um destes lugares virtuais, não se confundindo com uma substância espiritual, como a *res cogitans* cartesiana. O inconsciente é um conceito especificamente psicanalítico, que define um dos modos possíveis do pensamento.[28]

Como qualquer conjunto organizado, o inconsciente apresenta características próprias. Uma delas é a ausência do símbolo da negação. As representações podem ser mais ou menos intensas, com diferenças de quantidade de investimento numa ou noutra representação, mas jamais a exclusão de uma delas por incompatibilidade ou contradição. Não há exigência de coerência lógica; daí a grande mobilidade dos investimentos — o processo primário. No inconsciente, a energia de investimento é livre, circulando segundo o princípio do prazer, através dos mecanismos de *condensação* e *deslocamento*.[29]

Finalmente, o inconsciente também é atemporal. Acompanhemos Freud neste ponto:

> "Em conseqüência de certas descobertas psicanalíticas, encontramo-nos hoje em posição de empenhar-nos num estudo do teorema kantiano segundo o qual tempo e espaço são 'formas necessárias de pensamento'. Aprendemos que os processos mentais inconscientes são, em si mesmos, intemporais. Isso significa, em primeiro lugar, que não são ordenados temporalmente, que o tempo de modo algum os altera e que a idéia de tempo não lhes pode ser aplicada. Trata-se de características negativas que só podem ser claramente entendidas se se fizer uma comparação com os processos mentais conscientes."[30]

De início, nota-se um equívoco, por parte de Freud, quanto à posição kantiana sobre o tempo. Para Kant, o tempo é forma necessária *da intuição*, não do pensamento, como afirma Freud. E, mesmo argumentando-se que o tempo é a forma necessária dos atos psíquicos, isto só vale se esses atos são pensados como fenômenos, como dados na intuição (percepção) interna, e não como coisa-em-si, pois o conceito de tempo kantiano só se refere aos objetos fenomenais. Se os processos inconscientes não são fenômenos, a forma do tempo não se aplica a eles. Mas, usando a terminologia kantiana, invertemos a questão: se o inconsciente não é fenômeno, quer dizer que ele é coisa-em-si? Se fosse, nada se poderia conhecer, negativa ou positivamente, sobre ele ou sobre sua temporalidade.

Entretanto, o inconsciente não é coisa-em-si, muito menos é incognoscível ou inacessível. E é justo por isso que afirmar sua atemporalidade comparativamente ao outro sistema, não significa que não se possa atribuir-lhe uma temporalidade própria. Certamente, este tempo não é idêntico ao que Freud chamou de 'idéia abstrata de tempo' por referência à consciência. As noções de *estruturas de retardo* e de *a posteriori* (*Nachträglich*) esclarecem o assunto.

No *Projeto para uma psicologia científica* (1895), Freud apresenta três classes de neurônios, que constituem o aparato neurônico: os neurônios ϕ, ψ e ω. A diferença entre eles não é de natureza, mas de função. Estes neurônios conduzem energia (excitações) e têm, como tendência primária, descarregar esta energia — é o *princípio de inércia* ou o processo primário.[31]

Se este fosse seu único princípio de funcionamento, se toda a energia recebida (endógena e exógena) fosse descarregada, o sistema nervoso não poderia realizar as ações específicas que apaziguam os estímulos endógenos. Ao contrário dos estímulos exógenos, os endógenos são intermitentes, constantes, exigindo um trabalho do aparato. Para tanto, é preciso um certo acúmulo de energia, contradizendo o princípio de inércia. Por isso, a única possibilidade é manter o nível de energia o mais baixo possível, apenas um mínimo constante. Eis sua lei secundária, a *lei da constância* (ou *processo secundário*), que, de um lado, garante um armazenamento de energia e, de outro, implica a suposição de um grupo de neurônios impermeáveis à descarga completa das excitações. Estes neurônios impermeáveis recebem o nome de *neurônios ψ* ou *sistema ψ de neurônios*, e se caracterizam pela capacidade de armazenar energia e reter registros de sua passagem, constituindo uma memória.

Os pontos de ligação entre os neurônios recebem o nome de *barreiras de contato*, de onde decorrem a permeabilidade ou impermeabilidade neurônica. Nos neurônios ψ, a passagem das excitações provoca uma alteração permanente das barreiras de contato. Esta alteração, no sentido de uma melhor capacidade de condução, constitui as *facilitações*, a partir das quais determinados caminhos serão privilegiados ao invés de outros. Ocorre que, ao atingir um neurônio, a energia tende a se distribuir pelos neurônios vizinhos "(...) na direção das diversas barreiras de contato na proporção inversa de suas resistências; (...)".[32] Esta distribuição de energia é chamada de *investimento colateral*, resultando numa inibição do curso da excitação na direção da descarga, e na unificação de um campo neuronal. Estas ligações constituem as primeiras organizações chamadas, por Freud, de *eu*. Tais organizações são caminhos de escoamento facilitados, que constituem uma cadeia, um percurso ou uma direção preferencial. É o que define a memória: "Pode-se então dizer: a memória está representada pelas facilitações existentes entre os neurônios ψ."[33] As barreiras de contato, as facilitações internas ao sistema ψ, e o investimento colateral constituem as *estruturas de retardo*.[34] Sua função é permitir uma ordenação e estruturação primárias do aparato psíquico, pela ação de um retardamento da descarga das excitações. Como são estruturas de *retardo*, introduzem uma dimensão temporal na própria organização do aparato.

Entretanto, este estado de coisas não é estático. Basta estabelecermos uma correspondência entre esta trama neurônica e a trama de representações. Vale lembrar que, apesar de Freud utilizar uma linguagem neurônica neste texto, sua tentativa era de construir uma teoria que desse conta de questões psíquicas, e não uma teoria neurológica. De qualquer modo, já na *Carta 52* (1896), Freud apresenta a hipótese de que "(...) nosso mecanismo psíquico tenha-se formado por um processo de estratificação: o material presente em sua forma de traços de memória estaria sujeito, de tempos em tempos, a um rearranjo segundo novas circunstâncias — a uma retranscrição. Assim, o que há de essencialmente novo a respeito de minha teoria é a tese de que a memória não se faz presente de uma só vez, mas se desdobra em vários tempos (...)".[35]

Este rearranjo, ou reordenamento dos nexos entre as marcas mnêmicas está relacionado à noção de *posterioridade*[36], noção que ganha corpo no momento da construção da teoria traumática das neuroses. De acordo com esta teoria, os eventos, cujas lembranças causariam as neuroses, seriam de ordem sexual e implicariam experiências infantis:

> "Esse agente é, de fato, uma lembrança relacionada à vida sexual, mas que apresenta duas características de máxima importância. O evento do qual o sujeito reteve uma lembrança inconsciente é uma experiência precoce de relações sexuais com excitação real dos órgãos genitais, (...): e o período da vida em que ocorre esse evento fatal é a infância (...)."[37]

Nota-se que o evento não é traumático em si, mas sua lembrança o é: "(...) não são as experiências em si que agem de modo traumático, mas antes sua revivescência como lembrança (...)".[38] Desse modo, podemos distinguir dois momentos, ou se quisermos, dois tempos no trauma causador das neuroses. Um primeiro, no qual há o acontecimento — traumático *a posteriori* — de ordem sempre sexual e onde nenhum sentido lhe é conferido, devido à data precoce e à conseqüente incapacidade do aparato em fazê-lo. E um segundo momento, a partir do ingresso no simbólico, no qual um outro acontecimento evoca o primeiro por algum traço associativo e, assim, lhe confere valor traumático. Neste caso, a lembrança só é traumática *a posteriori*. Portanto, não é um evento passado que produz uma eficácia traumática, mas a conexão entre representações do ponto de vista lógico.

Não é o acontecimento primeiro que causa a neurose ou o trauma; tampouco é o acontecimento segundo que evoca a lembrança do primeiro. O que está em jogo é a significação produzida por uma associação entre representações. Não se trata de uma causa que antecede cronológica ou ontologicamente um efeito. Qualquer interpretação sumária, reduzindo a história do sujeito a um determinismo linear no qual o passado age sobre o presente deve ser descartada de saída. Os acontecimentos passados recebem seu sentido, eficácia ou mesmo caráter patogênico (no caso da teoria do trauma), somente *a posteriori*.

Apesar da posterior elaboração da noção de sexualidade infantil exigir uma radical revisão da teoria do trauma como princípio único explicativo, a noção de *a posteriori* não perde sua capital importância. Tanto o recalcamento, quanto o funcionamento do inconsciente exigem a permanência desta noção em sua compreensão. Não haveria inicialmente o recalque e, depois deste processo, o recalcado que retornaria mais adiante. Esta diferença de tempo é anulada com a noção de *Nachträglich*.

A partir daí, não é possível pensar um tempo linear, no qual o passado determina e antecede o presente. Ao contrário, o passado é uma *construção*, operada a partir do presente pelas reorganizações dos traços mnêmicos. A realidade fatual tem pouca ou nenhuma importância: o sentido dos acontecimentos não jaz nos próprios acontecimentos, mas nas articulações atuais das representações sempre prontas a novos rearranjos e novas significações. O tempo não é linear e seqüencial, mas lógico, como propõe Jacques Lacan: "A história não é o passado. A história é o passado na medida em que foi historiado no presente — historiado porque foi vivido no passado. (...) O caminho da restituição da história do sujeito toma a forma de uma procura da restituição do passado."[39]

Assim, o que o inconsciente implica é a construção de uma história que, por ser construção, não permanece e nem determina o presente. Inversamente, tudo se passa como se o presente constituísse o passado e abrisse o futuro como diferença. Daí podermos afirmar que o inconsciente é criação e movimento, produção do novo e construção incessante de si. Ao invés de lugar da origem, determinação do sujeito, veremos que o inconsciente deve ser definido como a *multiplicidade virtual das significações possíveis*, como a produção incessante de diferença.[40]

O INCONSCIENTE EXISTE?

O inconsciente não tem existência material — a descrição que Freud nos fornece de suas características não são retiradas da observação empírica. Ninguém "descobriu" o inconsciente como se descobre algo oculto que já estava lá. Freud inventa, produz um conceito como inteligibilidade possível para uma série de fenômenos. Afirmar que o inconsciente é atemporal, significa, de saída, não ser ele empírico e, portanto, não ter existência ontológica. É o próprio Freud quem conclui: "Os processos inconscientes se tornam cognoscíveis por nós sob as condições de sonho e neurose (...). Por si sós não são percebidos; na realidade, são até mesmo incapazes de conduzir sua existência, (...)."[41]

Chegaremos a esta mesma conclusão, se considerarmos a própria definição do inconsciente como um sistema. A definição mais geral de sistema é: "(...) conjunto de elementos relacionados entre si funcionalmente, de modo que cada elemento do sistema é função de algum outro elemento, não havendo nenhum elemento isolado".[42] Esta definição já nos indica não se tratar, também no caso do sistema inconsciente, de um continente composto de conteúdos, mas de um todo organizado, de um conjunto. O inconsciente é, então, um conjunto de elementos relacionados entre si, segundo determinadas leis — uma cadeia de elementos associados. E, se esta cadeia é passível de rearranjos, ultrapassando a determinação de um tempo cronológico e linear e de critérios de verdade, só se pode pensar o inconsciente como a multiplicidade virtual das significações, atualizada em cada uma de suas formações. Segundo Jacques Lacan, "a partir de Freud, o inconsciente é uma cadeia de significantes que em algum lugar (sobre outra cena, escreve ele) se repete e insiste em interferir nos cortes que o discurso efetivo lhe oferece e na cogitação que ele enforma.".[43]

O inconsciente é a multiplicidade atualizada em cada ponto do discurso consciente, no qual um não-sentido se produz. E esta produção de não-sentido deriva do próprio conceito freudiano de representação. O que é designado por 'representação' não é, como em Descartes por exemplo, o objeto representado. No texto sobre as afasias[44], Freud apresenta seu conceito de representação, utilizando, mais especificamente, os termos 'representação-objeto' e 'representação-palavra'.[45]

A palavra é definida como uma representação complexa cujos elementos (acústicos, visuais e cinestésicos) devem estar associados entre si. Estes elementos são as imagens mnêmicas, inscrições de impressões que se associam entre si e que darão origem às representações. Mas, o que dá à palavra seu sentido? De onde vem seu significado? A resposta é simples: "(...) a palavra adquire a sua denotação pela ligação com a representação-objeto, pelo menos se nos limitarmos à consideração dos substantivos".[46] Mas, também a representação-objeto é definida como um complexo, que só receberá sua unidade pela associação com a representação-palavra. Ou seja, o objeto não é a imagem da coisa ou de algum referente externo ao aparato. O mundo nos oferece apenas uma diversidade sensível, percebida e armazenada sob a forma de traços, que se associam formando as representações-palavra e as associações de objeto. Estas associações de objeto se tornarão representação-objeto pela articulação com a palavra. Somente assim, o objeto adquire unidade e identidade.

Nota-se que, tanto o significado da palavra, quanto a identidade do próprio objeto, decorrem da associação entre representações. Portanto, o que podemos chamar de efeito de significação não provém da coisa, mas das relações entre as representações: a representação-palavra adquire sentido na relação com a representação-objeto que, por sua vez, se organiza como tal nesta mesma relação. Daí falarmos em representação-palavra e representação-objeto, e não em representação *de* palavra ou *de* objeto. A preposição *de* indicaria uma exterioridade do sentido relativamente à representação, como se o mundo fornecesse de antemão as significações da linguagem, como se a representação fosse o mundo refletido. Ao contrário, a significação se dá no registro da representação, portanto, no registro simbólico.

Aqui, estamos próximos da noção de 'signo lingüístico' em Saussure, da qual Jacques Lacan se apropria.[47] Para Saussure, o signo não é a união de uma palavra a uma coisa, mas a ligação entre uma imagem acústica (o significante) e um conceito (o significado). Este último define-se como a "representação psíquica" da coisa, só adquirindo sentido através do processo de *significação*. Assim, a significação não é *a priori*, não é anterior ao objeto ou à palavra. O que equivale a afirmar que as representações não recebem seu sentido das coisas, mas sim, das relações que estabelecem entre si. Podemos dizer que a relação entre associações de objeto e palavras produz um efeito de significação e, portanto, caracteriza-se como uma relação significante.

Dito de outro modo, o efeito de significação não resulta da coisa externa, mas das relações que as representações estabelecem entre si. Portanto, as representações se comportam conjuntamente como uma linguagem, não como sinais. Daí a possibilidade da mais famosa de todas as fórmulas lacanianas: *o inconsciente é estruturado como uma linguagem*. Bem entendido, linguagem não é um conjunto de signos que exprimem significações oferecidas, de antemão, pelo mundo.

O INCONSCIENTE COMO MULTIPLICIDADE E A CADEIA SIGNIFICANTE

Apoiando-se na teoria saussuriana do signo, Jacques Lacan apresenta sua leitura do inconsciente. Ferdinand de Saussure define o signo a partir de seu caráter arbitrário: o elo entre significante e significado não é natural, pois nada há num que determine sua ligação ao outro: não há anterioridade de um em relação ao outro, são termos contemporâneos.[48] Embora façamos referência a um signo, ele não é uma entidade isolada; ao contrário, o signo só pode ser pensado a partir de sua relação a outros signos. Nesta relação, ele adquire o seu *valor*: um signo só significa algo em função e pela relação a outros signos. Portanto, em seu aspecto conceitual o valor é um dos elementos da significação, ao lado da relação entre significante e significado.[49]

Jacques Lacan[50] seqüestra o conceito saussuriano de signo lingüístico e inverte sua representação gráfica, dando um novo sentido à barra que separa os dois termos. Propondo uma autonomia do significante relativamente ao significado, o autor determina um plano de linguagem no qual o significante assume total supremacia. O significante não representa o significado, este é o que se produz na relação entre os significantes. Um termo e outro não se recobrem, constituindo redes de relações distintas.[51] Para Lacan, é preciso "(...) nos libertarmos da ilusão de que o significante responde à função de representar o significado, ou melhor: que o significante tenha que responder por sua existência ao título de uma significação qualquer, seja ela qual for".[52]

A significação, mais do que o ato que une os dois termos componentes do signo, como queria Saussure, aparece como efeito da articulação significante. "De onde se pode dizer que é na cadeia do significante que o sentido insiste: mas que nenhum dos elementos da cadeia consiste na significação da qual ele é capaz no momento mesmo."[53] Daí, a noção de deslizamento incessante da cadeia significante: nada determina que as articulações significantes devam deter-se num dado momento ou numa significação particular.

É justamente esta cadeia significante que define o inconsciente como articulações possíveis entre representações, portanto, como a *multiplicidade virtual das significações possíveis*. Se um significante pode sempre associar-se a uma infinidade de outros, não há significação verdadeira sobre a qual a cadeia deva deter-se. O recalcado não é uma representação ou um conjunto de representações específicos. Não se trata de nenhum significante em especial, mas da própria cadeia como multiplicidade de sentidos possíveis.[54] O inconsciente deve ser definido como uma cadeia formada de elementos distintos e diferenciais, os significantes, complexamente articulados entre si numa rede interconectada. Conforme os elementos e suas conexões vão sendo ativados, desativados e reativados, as significações vão se produzindo ou vão deixando de fazer sentido.

Na montagem freudiana, o inconsciente obedece aos mecanismos de condensação e deslocamento, os quais equivalem, na leitura lacaniana, às famosas figuras de linguagem da *metáfora* (sobreposição dos significantes) e *metonímia* (substituição de um significante por outro), respectivamente.[55] Destas duas figuras, a metáfora é destacada como o mecanismo que põe o pensamento inconsciente em movimento, já que é precisamente a ativação simultânea de vários significantes a produtora dos efeitos de significação. A metonímia, por sua vez, aparece sobre um fundo de significado já constituído, pois, para que um significante substitua outro é preciso que continue significando o que o anterior pretendia. É o discurso consciente e coerente ou *coerência metonímica*, uma linguagem cujo objetivo é a clareza de raciocínio, a coerência discursiva da cadeia significante. Os enunciados devem ser claros e o mais unívocos possíveis, mantendo quaisquer surpresas afastadas.

Contudo, se qualquer articulação significante implica uma multiplicidade de sentidos possíveis, também a ordem metonímica conhece inúmeras equivocidades, expressas pelos ditos *símbolos metafóricos*, como propõe Rosolato.[56] Suportando uma variação infinita de sentidos, a metáfora supõe a existência de uma cadeia inconsciente de significantes duplicando a cadeia do enunciado. A metáfora, substituição significante, produz um *nonsense* que, por sua vez, exige a emergência de novos sentidos, irredutíveis à cadeia metonímica. O não-sentido é o ponto fundamental, pois ao quebrar a cadeia metonímica, ele atualiza e movimenta a multiplicidade de sentidos possíveis.

Tais quebras no discurso metonímico são as célebres *formações do inconsciente*, que abrem a possibilidade de produção de novas articulações significantes, pondo a cadeia em movimento. São os pontos do discurso consciente nos quais uma segunda estrutura se insinua, abrindo a possibilidade de pensar diferentemente, de produzir o novo.[57] Esta segunda estrutura (o inconsciente propriamente dito) não traz sentidos já prontos, dos quais é preciso tomar consciência. Ao contrário, "o que essa estrutura da cadeia significante descobre é a possibilidade que eu tenho, (...), de me servir dela para significar algo totalmente diferente do que ela diz".[58] Esta diferença define o sujeito do inconsciente, sempre distinto de si mesmo, pois ele é o próprio ato de produção. É Outro relativamente ao Eu.

O SUJEITO DO INCONSCIENTE

O inconsciente deve ser, então, definido com uma cadeia significante sempre pronta a novas articulações, produzindo novos sentidos. Mas, se falamos em *sujeito do inconsciente*, onde situá-lo nesta cadeia? Vimos que o significante não é um elemento substancial, mas diferencial, portanto, só pode ser definido por suas diferenças e não por propriedades ou atributos intrínsecos. Na medida em que se define por sua oposição, não se pode pensar um significante isolado, mas sempre um mínimo de dois. Assim, S1 – S2 é a escritura elementar da cadeia significante, o mínimo admissível. Mas estes dois significantes não são equivalentes, não são idênticos e nem podem ocupar o mesmo lugar ao mesmo tempo.

Suponhamos que S1 seja o primeiro significante da cadeia, representativo da singularidade do sujeito. Sabemos que S1 implica necessariamente S2, que S1 só pode ser cogitado a partir de S2, que a ele se articula e lhe confere sentido. Mas S1 e S2 são diferentes por excelência, de modo que S2 não é capaz de representar S1 integralmente. Assim, se S1 representa o sujeito, não há outro significante que possa lhe conferir uma identidade. E mais, S1 apenas *representa* o sujeito, não se confunde com ele. O sujeito é diferente do significante que o representa. Podemos mesmo dizer que ele está excluído desta cadeia, está ausente. Esta ausência que permite e promove o movimento. Qualquer tentativa de identidade — o *eu*, por exemplo — será um movimento de *sutura*: eis o que nomeia a relação do sujeito com a cadeia de seu discurso. S1 é, assim, a metáfora do sujeito, tentativa de identidade, o *eu* que aparece no enunciado.[59]

O eu — ou o significante que representa o sujeito — nada diz sobre o ser deste sujeito, não designa atributos, qualidades ou propriedades. Assim, mesmo representado por um significante, o sujeito não se confunde com ele: o sujeito *não é* o significante que o representa, pois este significante apenas reenvia a outros significantes, e por aí vai. Ou seja, dizer que 'o sujeito é efeito do significante' não implica que este significante revele algo sobre o que o sujeito é; ele apenas o representa na cadeia. Desse modo, o sujeito é dividido, pois onde é representado, ele não é, e onde é, não é representado. É o famoso "penso onde não sou, e sou onde não penso" de Jacques Lacan.

Porém, o inconsciente supõe a dimensão de uma verdade fundamental, de um saber sobre o sujeito. Mas que verdade é esta, se o referente foi excluído e se os significantes (ou as representações) nada dizem acerca do sujeito? "Qual é a verdade? É justamente ali que ela se situa, com um ponto de interrogação."[60]

A verdade, em psicanálise, não tem referência alguma com o conhecimento, não é o saber. Sua estrutura é a mesma do conhecido paradoxo do mentiroso: ao dizer 'eu minto', o mentiroso fala a verdade; mas, se fala a verdade, a proposição é falsa, portanto, ele mente. Não há como distinguir, verdadeiramente, a mentira da verdade; uma e outra apenas denunciam a lógica do discurso e o movimento incessante da linguagem, cujos efeitos são as significações. As verdades são produções próprias à lógica do discurso, da linguagem.

Se a verdade não é da ordem do significado, uma vez que este é efeito, ela só pode estar referida ao significante e à ausência em torno da qual a cadeia se estrutura. Não se trata de uma verdade material ou mesmo histórica, mas daquilo sobre o que estas verdades podem ser erigidas como, em última instância, suposições. A isto, o inconsciente se articula como produção de sentido, construção de verdades, enfim, suposição de saber. O inconsciente não é, mas é suposto como um saber sobre o sujeito. É a virtualidade dos pensamentos possíveis, os múltiplos sentidos construídos a partir de incontáveis articulações significantes.

A partir daí, compreende-se a afirmação lacaniana, segundo a qual o inconsciente é situado como a "hiância pré-ontológica". Ele não é ôntico, mas tem função ontológica. Em si, ele não é ser nem não-ser, mas algo de não-realizado. Seu sujeito é sempre devir, acontecimento no qual a verdade se produz, não como verdade parcial, mas como, naquele instante, verdade. Pontual e absoluta, levando-se sempre em conta que seu destino é deixar de ser, apagar-se, esvair-se. Que advenha o *eu sou* onde *não penso*.

Assim, o estatuto do inconsciente não é ôntico, mas ético: é do movimento e da ação que se trata. O inconsciente é aquilo pelo qual o sujeito se constitui ele mesmo como este próprio movimento, e mais precisamente, como ato. O ponto da ordem no qual o caos irrompe, promovendo uma nova ordem, sempre temporária e sempre parcial. De modo que o sujeito é radicalmente marcado por uma finitude, pois ele não encontra sua verdade a não ser perdendo-a.

> "O que faz depender o sujeito dos efeitos do significante, faz, ao mesmo tempo, com que o lugar onde se assegura a necessidade de verdade seja ele mesmo fraturado em suas duas fases, do enunciado e da enunciação."[61]

O *eu penso* e o *eu sou* não se recobrem. Antes, o pensamento introduz uma questão sobre o não-ser. O que não quer dizer que se trate, no inconsciente, de uma ausência de significação. Ao contrário, ele se caracteriza pelo efeito de sentido, que constrói uma realidade: "(...) a realidade, como todos sabem, é construída sobre o seu eu (je), sobre o sujeito do conhecimento, e ela é precisamente construída para fazer com que vocês não o encontrem jamais".[62] A realidade, portanto, é construção — lógica — referida a um sujeito do conhecimento. Mas, o sujeito ao qual nos referimos não é este, entendido como o *eu* do *eu penso*.

Ao afirmar que o sujeito da psicanálise é o sujeito da ciência — sujeito cartesiano —, Lacan se apoia no argumento de que a certeza de ambos é a mesma: a certeza do próprio pensamento. O mundo, como fornecedor de verdades absolutas e incontestáveis, está perdido. Deus também não garante mais nada. E, sobretudo, o pensamento vai além da consciência redobrada para se situar como cadeia significante, como inconsciente, como Outro. Cadeia esta capaz de articular-se de diversas maneiras produzindo significados (e, assim, o próprio mundo) sempre novos. O sentido é construção, não há verdade a ser conhecida, não há saber senão aquele que é suposto. A verdade é a própria articulação lógica, sempre pronta a novos arranjos e movimentos. Pronta a emergência de novas verdades e novos sentidos que, por não serem senão efeitos do significante, estão fadados a uma atualização incessante. O movimento é o movimento do desejo. Dizer que o sujeito é *sujeito de desejo*, é dizer que não se pode fixá-lo num ou noutro termo. Ele é, simultaneamente, um e múltiplo, pois é indeterminável. É a diferença em estado puro, a multiplicidade atualizada. Não mais alma, consciência ou razão, o sujeito é ato, devir, *repetição*:

> "O ato é fundador do sujeito. O ato é, precisamente, o equivalente da repetição, (...). O sujeito — digamos: no ato — é equivalente a seu significante. (...) Qual é o efeito do ato? É o labirinto próprio ao reconhecimento destes efeitos por um sujeito que não pode reconhecê-los, pois ele é todo — como sujeito — transformado pelo ato, (...). O sujeito é o ato, representado como divisão pura: a divisão, nós diríamos, é seu *reprasentänz*".[63]

Identificar o sujeito ao ato é, sem dúvida, apresentá-lo fundamentalmente articulado à pulsão, à repetição como produtora de diferença. É justo aí que o sujeito se produz como *devir*, não como reprodução do mesmo ou identidade a si. Em psicanálise, o sujeito é diferença, ato que o transforma e pelo qual ele se torna sempre outro.

NOTAS

1. Cf. LAPLANCHE, J. *Problemática IV — O inconsciente e o Id*, São Paulo: Martins Fontes, 1992.
2. Cf. NASIO, J.-D., *Cinco lições sobre a teoria de Jacques Lacan*, Rio de Janeiro: Zahar, 1993.
3. FREUD, S., 'A interpretação dos sonhos', vol. 5, pág. 492.
4. A definição do aparato psíquico como um aparato de captura é apresentada por GARCIA-ROZA, L.A., *Introdução à metapsicologia freudiana 1*, Rio de Janeiro: Zahar, 1991.
5. A diferenciação entre os dois tipos de representação, 'representação-coisa' e 'representação-palavra', decorre das pesquisas de Freud sobre as afasias. A primeira designa, mais especificamente, as chamadas 'associações de objeto', ou seja, traços acústicos, táteis e visuais da coisa, associados entre si. A segunda, por sua vez, é o conjunto das imagens visuais da letra, da escrita, imagens acústicas e motoras da escrita e da linguagem, ao qual as associações de objeto se conectarão, dando lugar às representações-coisa (ou representações-objeto, conforme o texto de Freud que esteja sendo analisado). Voltaremos a isto mais adiante, ainda neste capítulo.
6. *Idem*, pág. 496n. O grifo é meu.
7. FREUD, S., 'Além do princípio do prazer', vol. 18, pág. 39.
8. Cf. *idem*, pág. 41.

9. Cf. FREUD, S., 'Uma nota sobre o bloco mágico', vol. 19, pág. 286.
10. 'A interpretação dos sonhos', vol. 5, pág. 556. O grifo é meu.
11. Nem sempre o homem concebeu o tempo do modo como o fazemos atualmente. O problema do tempo é apresentado por PIETTRE, B., *Philosophie et science du temps*, Paris: P.U.F., 1994.
12. FREUD, S., 'Uma nota sobre o bloco mágico', vol. 19, pág. 290.
13. Este tema é desenvolvido, a partir das noções de *tempo real* e *tempo abstrato* por GONDAR, J., *Os tempos de Freud*, Rio de Janeiro: Revinter, 1994, págs. 65-7.
14. FREUD, S., 'A interpretação dos sonhos', vol. 5, pág. 554.
15. Na segunda tópica, o termo *inconsciente* é principalmente utilizado adjetivamente. Com efeito, inconsciente deixa de se referir ao que é próprio de uma instância específica, uma vez que qualifica o id e, em parte, o ego e o superego. Contudo, suas características são, a grosso modo, atribuídas ao id. Além disso, a diferença entre o pré-consciente e o inconsciente, mesmo que não se baseie mais numa distinção entre os sistemas, persiste como uma diferenciação interna às instâncias: o ego e o superego são, em parte, inconscientes e em parte pré-conscientes. Cf. FREUD, S., 'O ego e o id', vol. 19.
16. O modelo é o do arco-reflexo.
17. Segundo Laplanche e Pontalis, em seu *Vocabulário de Psicanálise*, o "princípio do prazer" pode ser definido como um dos princípios que regulam o funcionamento do aparato psíquico, cujo objetivo geral é evitar o desprazer e proporcionar o prazer. Como o desprazer está ligado ao aumento das quantidades de excitação internamente ao aparato, o princípio do prazer também conota a tendência à descarregar as excitações.
18. O que não quer dizer que *recalque* e *defesa* sejam termos equivalentes. *Defesa* designa, em seu sentido mais amplo, uma ação do aparato psíquico contra uma intensidade excessiva de excitações. Neste sentido, o termo *recalque* seria mais específico.
19. Cf. FREUD, S., 'Repressão', vol. 14, pág. 170.
20. A oposição entre Pcs-Cs e Ics será posteriormente substituída pela oposição entre o eu e o recalcado. Cf. FREUD, S., 'O ego e o id', vol. 19.
21. Na chamada 2a. tópica, o recalque será pensado como um mecanismo próprio ao eu. Cf. *idem*, págs. 29 e ss.: "Desse ego procedem também as repressões, (...).".
22. Cf. 'Repressão', vol. 14, págs. 171-172. Vale notar que tal distinção já havia sido feita um pouco antes, no texto 'Notas psicanalíticas sobre um relato autobiográfico de um caso de paranóia (*dementia paranoides*)', vol. 12, págs. 90 e ss.
23. LACAN, J., *O Seminário, livro 11*, pág. 26.
24. Laplanche e Leclaire propõem um desdobramento deste processo em dois momentos. No primeiro, a rede de oposições significantes não engendra nenhum significado, porque não está ancorada no universo simbólico.

Esta ancoragem é o segundo momento. Estes comentadores discordam quanto à identificação do recalque primário a um destes momentos. Cf. LAPLANCHE, J. & LECLAIRE, S., "O Inconsciente: um estudo psicanalítico" in *O Inconsciente, vol. 1 – VI Colóquio de Bonneval* (direção: Henri Ey), Rio de Janeiro: Tempo Brasileiro, 1969, págs. 139-145.
25. LACAN, J., Séminaire du 22-1-58 in *idem*, pág. 139.
26. LACAN, J., *O Seminário, livro 11*, pág. 29.
27. FREUD, S., 'A interpretação dos sonhos', vol. 5, pág. 553.
28. Por isso, porque o inconsciente é um conceito especificamente psicanalítico, Lacan afirma que "nós não temos meios de saber se o inconsciente existe fora da psicanálise." Cf. "Jacques Lacan: Conferénces et entretiens dans les universités nord-americaines" in *Scilicet, n. 6/7*, Paris: Seuil, 1976, pág. 25.
29. Segundo o *Vocabulário de Psicanálise*, de J. Laplanche e J.-B. Pontalis, "condensação" é o processo pelo qual "uma única representação representa várias cadeias associativas, em cuja interseção se encontra". Ainda segundo o mesmo *Vocabulário*, "deslocamento" é o processo pelo qual a intensidade de uma representação passa a outras representações, menos intensas, ligadas à primeira por associação direta ou indireta.
30. FREUD, S., 'Além do princípio do prazer', vol. 18, pág. 44.
31. Cf. FREUD, S., 'Projeto para uma psicologia científica', vol. 1, págs. 404-405.
32. *Idem*, pág. 410.
33. *Ibidem*, pág. 409.
34. Cf. BARROS, C.P., *Thermodynamic and evolutionary concepts in the formal structure of Freud's metapsychology* in GARCIA-ROZA, L.A., *Introdução à metapsicologia freudiana 2*, Rio de Janeiro: Zahar, 1991, págs. 38-40.
35. FREUD, S., 'Carta 52', vol. 1, pág. 324.
36. Diferentes escolas psicanalíticas utilizam o termo *Nachträglich* de modo diverso. A escola inglesa trabalha com a idéia de uma progressão do desenvolvimento do indivíduo relativamente à sucessão de fases ligadas às zonas erógenas. Há, aqui, a suposição de um determinismo, portanto de um tempo linear no qual determinado acontecimento teria seu efeito *retardado*. Por outro lado, a escola francesa enfatiza a reorganização do que seriam as etapas do desenvolvimento. Os acontecimentos são vistos, não como fatos em si, mas como traços de memória, psíquicos, passíveis de rearranjos, como sugere Freud. O passado seria, assim, construído a partir do presente. Neste estudo, trabalho de acordo com o que propõe a escola francesa por acreditar que esta fornece uma leitura mais adequada e mais interessante do texto freudiano. Sobre isto, cf. GONDAR, J., *op. cit.*, págs. 46-47.
37. FREUD, S., 'Hereditariedade e etiologia das neuroses', vol. 3, pág. 144.
38. FREUD, S., 'Novos comentários sobre as neuropsicoses de defesa', vol. 3, págs. 155-156.

39. LACAN, J., *O Seminário, livro 1*, Rio de Janeiro: Zahar, 1979, pág. 21.
40. Empregamos o termo 'virtual' para designar o que é em potência, por oposição ao que é em ato. Neste sentido, o virtual não pode ser identificado ao resultado de sua atualização, pois a atualização do virtual deve ser entendida como criação. O virtual seria como um complexo problemático que chama a invenção de um processo de resolução — a atualização. Sobre o assunto cf. LEVY, P., *Qu' est-ce que le virtuel?* Paris: Éditions la Découverte, 1995.
41. FREUD, S., 'O inconsciente', vol. 14, pág. 215.
42. MORA, F.J,. verbete: sistema in *Diccionario de filosofia. vol. 4*, Madrid: Alianza Editorial, 1988.
43. LACAN, J., "Subversion du sujet et dialectique du désir". In: *Écrits*, Paris: Seuil, 1966, pág. 799. (Todos os artigos utilizados referem-se a esta edição do escritos lacanianos).
44. *Contribution à la conception des aphasies*, Paris: P.U.F., 1996. Neste texto, o aparato é pensado como um *aparato de linguagem*, até porque a questão que interessa a Freud é a questão das afasias.
45. O que aqui denominamos de *representação-objeto* receberá o título de *representação-coisa* no artigo *O inconsciente*, de 1915. E o que, em 1915, Freud chama de *representação-objeto* refere-se à associação entre *representação-coisa* e *representação-palavra*. Cf. nota de STRACHEY, J., vol. 14, pág. 239.
46. FREUD, S., *Contribution à la conception des aphasies*, pág. 70. Na tradução, o termo utilizado é *representações objetais*, ao invés de *representações-objeto*.
47. *Curso de lingüística geral*, São Paulo: Cultrix, 1961.
48. Cf. *idem*, págs. 81-84.
49. *Ibidem*, pág. 133.
50. Cf. LACAN, J., "L'Instance de la lettre dans l'inconscient ou la raison depuis Freud" in *Écrits*.
51. Cf. LEMAIRE, A., *Jacques Lacan, uma introdução*, Rio de Janeiro: Campus, 1989, págs. 80 e ss.
52. LACAN, J., "L'instance de la lettre ...", pág. 498.
53. *Idem*, pág. 502.
54. Cf. NASIO, J-D., *op. cit.*, págs. 23-24.
55. Cf. LACAN, J., "L'instance de la lettre ...", págs. 514 e ss.
56. Cf. ROSOLATO, G., *Elementos de Interpretação*, São Paulo: Escuta, 1988, págs. 107-28. É importante sublinhar que a metáfora e a metonímia não são excludentes: se a metáfora remete à produção de novas significações, a metonímia garante a comunicação e o pensamento lógico.
57. Cf. LEMAIRE, A., *Jacques Lacan, Uma Introdução*, Rio de Janeiro: Campus, 1989, pág. 185.
58. LACAN, J., "L'instance de la lettre ...", pág. 505.
59. Cf. MILLER, J.-A., *Matemas II*, Buenos Aires: Manantial, 1990, págs. 17-18.

60. LACAN, J., *O Seminário, livro 17*, Rio de Janeiro: Zahar, 1992, pág. 163.
61. NASSIF, J., in LACAN, J., *O Seminário, livro 15*, inédito, 1994, pág. 178.
62. LACAN, J., *idem*, pág. 192
63. LACAN, J., "A lógica do fantasma" (seminário inédito) in *Littoral, n. 25*, Toulouse: Editions Erès, Abril/1988, pág. 56.

CAPÍTULO 5

A Pulsão

> "(...) os próprios vícios são mais necessários que as virtudes, pois são criadores e as virtudes são apenas criadas, ou, se preferirem, que eles são causas e as virtudes apenas efeitos ..."
>
> SADE

Sujeito do inconsciente. O termo tem ares de fórmula e é usado como se, no momento de sua enunciação, desse conta do que pretende nomear. De fato, um deslocamento é produzido com a remissão do sujeito ao inconsciente: franqueia-se os limites do campo da consciência e, mais radicalmente, do Eu. Com efeito, o sujeito não se confunde e nem se reduz ao eu consciente de si — imagem especular construída na relação ao outro, cujo efeito sobre o sujeito é o afunilamento dos possíveis. Em psicanálise, o sujeito se define pela diferença e produção desejantes, e não pela identidade ou presença a si.

Contudo, se a referência do sujeito ao inconsciente desloca-o no plano do pensamento, revelando sua potência, ela recobre uma dimensão ainda mais fundamental: a *pulsão*. Por baixo do campo da representação e para além do princípio do prazer, desenha-se a insistência de uma força subterrânea, motor do pensamento — é este o foco deste capítulo.

A célebre fórmula freudiana, segundo a qual a pulsão é um conceito fronteiriço entre o psíquico e o somático, indica que a pulsão apresenta uma dupla face, ou se preferirmos, que ela funciona como uma espécie de interface entre dois registros, o corpo e o pensamento. Como uma conexão que oferecesse uma alternativa para o dualismo cartesiano ou para a consciência autônoma kantiana, capaz de determinar leis morais e epistêmicas.

Em 1895, Freud arrisca a construção de um modelo de aparelho neurônico, subdividido em três sistemas de neurônios, que recebe os estímulos provenientes do mundo externo (estímulos exógenos) e aqueles originados no próprio corpo (estímulos endógenos). Destes últimos, o aparelho não tem como esquivar-se, ao contrário do que é possível fazer relativamente aos estímulos exógenos.[1] Algumas páginas adiante, somos informados de que estes estímulos endógenos, por não serem filtrados por nenhuma espécie de tela protetora, atingem o sistema ψ de neurônios diretamente, constituindo uma quantidade de energia que, por isso mesmo, funcionaria como a "mola mestra do mecanismo psíquico.". Além disso, a natureza de tais estímulos seria intercelular e eles seriam produzidos continuamente. A conclusão de Freud é a de que "ψ está à mercê de Q", pois recebe uma estimulação constante da qual é impossível fugir, "e é assim que surge no interior do sistema o impulso que sustenta toda a atividade psíquica".[2]

Vemos esboçarem-se aqui algumas idéias importantes, retomadas mais tarde na construção do conceito de pulsão. A primeira é a de que, além das excitações provenientes do mundo externo, o próprio corpo fornece uma estimulação; a segunda é a de que esta estimulação é constante; a terceira decorre das anteriores e se refere ao fato de que não é possível fugir ou fazer cessar esta estimulação; e, finalmente, a quarta é a de que esta estimulação sustenta a atividade psíquica. Apesar da reformulação da teoria das pulsões, nos anos posteriores, estas idéias permanecem fundamentais ao longo de toda a construção freudiana e mesmo depois de Freud. Vale sublinhar que, neste mesmo texto de 1895, o termo "pulsão" já era empregado, porém de modo muito pouco definido.

A MONTAGEM CONCEITUAL

O conceito só começa a ser realmente desenhado nos *Três ensaios sobre a sexualidade* (1905). Aqui, com a intenção de lançar alguma luz acerca das "forças" em jogo nos processos neuróticos, Freud investiga as perversões, acabando por fornecer uma via inicial para a construção das características e dos modos de funcionamento das pulsões. Vemos, assim, a pulsão ser definida como "(...) o representante psíquico de uma fonte endossomática de estimulação que flui continuamente, para diferenciá-la do 'estímulo', que é produzido por excitações isoladas vindas de fora".[3] Nesta citação, Freud define a pulsão como um representante psíquico, fazendo com que o leitor se pergunte se, neste caso, a natureza da pulsão deve ser considerada como psíquica. Somente nos artigos sobre metapsicologia a questão se esclarece, pois Freud acentua e explicita a distinção entre a pulsão e os representantes psíquicos, indicando com isso que a pulsão não pode ser reduzida ao registro psíquico.

Mas, dizer que a pulsão não é psíquica não equivale a afirmar sua natureza somática, mesmo que permaneça básica a idéia de que o corpo é fonte de uma estimulação permanente. Afirmar, com Freud, que a pulsão se inscreve no limite entre o anímico e o físico faz com que imaginemos algo como uma fronteira permeável entre estes dois registros.[4] Se acrescentarmos a isto a idéia de que a qualidade é função de um dos sistemas psíquicos, concluiremos que não se pode distinguir qualitativamente as pulsões entre si. Neste caso, a distinção entre uma pulsão oral, anal, escópica etc. parece referir-se às zonas erógenas — são referências relativas às partes do corpo envolvidas num determinado circuito pulsional, e não às pulsões em si mesmas. Sobre estas só se pode afirmar que são uma exigência de trabalho ao psíquico cujo objetivo é a supressão da estimulação na fonte, o que sabemos ser impossível, na medida em que a estimulação é constante.

Assim mesmo, Freud faz referências diretas às *pulsões sexuais*, e as opõe a um outro grupo de pulsões ligadas às funções somáticas, cuja função seria manter e conservar a vida do indivíduo — as *pulsões de autoconservação*. Infelizmente, não há, neste momento do pensamento de Freud, esclarecimentos diretos sobre esta distinção que, neste caso, poderia ser relativa tanto à natureza, quanto ao objetivo final de cada grupo de pulsões. De um lado, seríamos obrigados a supor uma diferença qualitativa na natureza das pulsões. De outro lado, estaríamos dizendo que a pulsão apresenta em si mesma uma direção específica. De qualquer modo, esta oposição permanece e cinco anos depois, as pulsões de autoconservação recebem a denominação de *pulsões do eu*, enfatizando, não tanto sua função, mas o objeto desta função.

Acompanhando a investigação sobre o fenômeno da cegueira histérica, vemos explicitar-se a oposição entre "(...) as pulsões que favorecem a sexualidade, a consecução da satisfação sexual, e as demais pulsões que têm por objetivo a autopreservação do indivíduo — as pulsões do ego".[5] Tal oposição determinaria o conflito psíquico, e o sintoma (no caso, uma perturbação psicogênica da visão) decorreria do fato de que um mesmo órgão ou parte do corpo pode ser objeto de investimento de ambas as pulsões.[6] Mas, referir-se a pulsões do ego seria um indicativo de que estas pulsões emanam do ego, que sua fonte é o ego? Se assim for, o que fazer com a definição de que a fonte pulsional é o corpo?

Em 1914, a situação torna-se ainda mais embaraçosa com a introdução do conceito de *narcisismo*. Este novo conceito obriga Freud a reconsiderar a oposição, tida como fundamental, entre pulsões sexuais e pulsões do ego. Com efeito, a partir do momento em que se admite que o próprio ego pode ser objeto de investimento da pulsão sexual, intervém uma libidinização do conjunto de suas funções, que não mais obedecem exclusivamente à lógica da autoconservação, sendo também erogeneizadas. Desse modo, o ego deixa de estar referido unicamente ao registro da necessidade para ser inscrito também no registro do desejo. Isto quer dizer que, simultaneamente, o ego é objeto de investimento da pulsão sexual e fonte de um outro grupo de pulsões?

A questão é mantida intacta e a distinção se desloca para a libido que é subdividida em uma *libido objetal*, cuja incidência são objetos percebidos como externos, e uma *libido narcísica* ou *do eu*, cujo objeto é o próprio eu, sendo que a fonte de ambas é a pulsão sexual. Mesmo assim, a já frágil oposição entre pulsões sexuais e pulsões do ego é mantida com a justificativa de que, no caso das pulsões do ego, a energia de investimento é o interesse e não a libido, como nas pulsões sexuais. A questão permanece: quer dizer que o ego pode ser fonte de pulsões, cuja energia é o interesse? Mas, o que é o "interesse"? Freud não desenvolve nada neste sentido, embora pudesse ser bastante interessante.

Somente alguns anos depois, com o texto *Para além do princípio do prazer* (1920), vemos surgir uma nova possibilidade com a hipótese da *pulsão de morte*, que será oposta às *pulsões de vida*. Este novo par se torna, assim, a dupla fundamental sobre a qual repousa a teoria pulsional. As pulsões sexuais, do eu ou de autoconservação são, agora, englobadas numa mesma categoria como pulsões de vida, após uma série de hesitações ao longo da elaboração deste texto. Ao investigar a problemática da compulsão à repetição, Freud se lança em busca de algo que escapa à determinação do princípio do prazer, fazendo surgir uma nova oposição entre "duas espécies de pulsões: aquelas que procuram conduzir o que é vivo à morte, e as outras, as pulsões sexuais, que estão perpetuamente tentando e conseguindo uma renovação da vida".[7] Tudo parece indicar que a pulsão de morte deve ser equiparada à tendência de retorno ao inanimado, pelo menos neste momento da construção freudiana.

Porém, mais adiante, Freud afirma que a tendência dominante da vida mental é o esforço de reduzir, manter constante ou eliminar por inteiro a tensão interna oriunda dos estímulos — o célebre princípio do Nirvana —, o que estaria mais próximo da idéia de entropia, e não necessariamente de retorno ao inanimado. Mas o texto prossegue e o princípio do prazer é apontado como a expressão desta tendência, sendo que "(...) o reconhecimento deste fato constitui uma de nossas mais fortes razões para acreditar na existência das pulsões de morte".[8] Ou seja, a pulsão de morte estaria por trás da tendência do aparato de se livrar de toda a excitação e, neste caso, o princípio do prazer — expressão desta tendência — estaria a serviço da própria pulsão de morte. A confusão decorre da indefinição do conceito de pulsão de morte neste texto, no qual ele não é abordado independentemente da sexualidade (portanto, das pulsões ditas sexuais).

Somente em 1930, no *O mal-estar na civilização*, a pulsão de morte será pensada independentemente da pulsão sexual. Aqui, ela aparece como pulsão de destruição, como "(...) uma disposição pulsional original e auto-subsistente", portanto, como autônoma relativamente à sexualidade e mais, como original no ser humano, embora sexualidade e destrutividade também possam aparecer mescladas.

A PULSÃO COMO POTÊNCIA

Logo no início do artigo *As pulsões e suas vicissitudes*, Freud nos reapresenta alguns aspectos básicos do conceito de pulsão: é uma força de impacto constante, cuja origem é o interior do próprio organismo. Pouco mais adiante, a pulsão é apresentada como a força motriz das produções do "sistema nervoso" (e não os estímulos vindos do exterior).[9] Novamente, as mesmas idéias já presentes há algum tempo, o que indica que, apesar das modificações relativas às dualidades pulsionais, a idéia de que a atividade psíquica se sustenta numa espécie de força constante, cuja fonte é o corpo, permanecia fundamental.

A novidade é este texto conter uma montagem conceitual específica do conceito de pulsão a partir de quatro elementos — pressão, fonte, objeto e alvo — até então não sistematizados. Sobre a *pressão* [*Drang*], Freud escreve: "Por pressão de uma pulsão compreendemos seu fator motor, a quantidade de força ou a medida da exigência de trabalho que ela representa. A característica de exercer pressão é comum a todas as pulsões; e, de fato, sua própria essência. Toda pulsão é uma parcela de atividade; se falarmos em termos gerais de pulsões passivas, podemos apenas querer dizer pulsões cuja finalidade é passiva".[10] A passagem é bastante clara: a essência da pulsão é sua pressão — o que não significa que possamos reduzir uma a outra —, e todas as pulsões são ativas.

Desde o *Projeto*, Freud distingue excitações de fonte exógena e excitações de fonte endógena, estas últimas sendo de dois tipos: aquelas que dizem respeito às necessidades, como a fome ou a sede, e outras cujos aspectos diferem. A fome ou a sede podem cessar, se agimos de modo adequado — portanto, são forças cujo impacto é momentâneo, supõem um ritmo determinado e uma ação correspondente. Inversamente, no caso da pulsão, trata-se de uma força constante, contínua, isto é, não há ação adequada que possa fazê-la cessar. Isto já nos alerta sobre qualquer tentativa de assimilação da pulsão a uma função biológica: enquanto a pressão de uma necessidade é momentânea, rítmica, a pressão da pulsão é permanente — não há como reduzir uma a outra. É exatamente este aspecto que permite sua caracterização como uma exigência de trabalho para o aparato psíquico.

Os estímulos — ou se preferirmos, a Q, de acordo como a nomenclatura do *Projeto* — que o aparato recebe tanto do interior do próprio corpo, quanto do mundo externo, apresentam-se como intensidades dispersas, anárquicas.[11] A função do aparato é capturar e ordenar estas intensidades, transformando-as e codificando-as para que seja possível a realização da ação específica, cujo objetivo é evitar um acúmulo de tensão.[12] As intensidades que atingem o aparato psíquico mais intensamente são as intensidades pulsionais, na medida em que, além de serem constantes, não são filtradas por nenhuma espécie de tela protetora, como é o caso relativamente aos estímulos provenientes de fora do próprio corpo. Nesse sentido, a constância da pressão pulsional exige um trabalho permanente, não apenas para sua apreensão, mas sobretudo, para a sua transformação e codificação — a atividade é inevitável e incessante.

O fato da pulsão operar como um estímulo para o psíquico indica, de saída, que ela lhe é exterior, isto é, que a estimulação incide a partir da exterioridade relativamente ao aparato. De fora, a pulsão exige um trabalho; de fora, a pulsão estimula e impulsiona a atividade psíquica. Daí podermos pensá-la como potência ativa e eficaz, como poder de agir: é porque a pulsão pressiona que o aparato funciona — a atividade psíquica se sustenta na pulsão que, por isso mesmo, é sua condição de possibilidade. E, se a pulsão é condição de possibilidade do aparato, ela é também a condição do aparecimento do sujeito na medida em que ele está fundamentalmente articulado ao inconsciente, como possibilidade de produção de diferença.

Sobre a *fonte*[*Quelle*] da pulsão, Freud afirma tratar-se de um processo somático que, de fora, funciona como um estímulo para o psíquico. Isso nos reconduz à idéia de que o campo pulsional é externo relativamente ao campo da representação, à distinção mesma entre consciente e inconsciente. Vale a pena citar o texto freudiano: "De fato, sou da opinião de que a antítese entre consciente e inconsciente não se aplica às pulsões. Uma pulsão nunca pode tornar-se objeto da consciência — só a idéia que a representa pode. Além disso, mesmo no inconsciente, uma pulsão não pode ser representada de outra forma a não ser por uma idéia".[13]

Não há dúvidas: se, como afirma Freud, a distinção entre consciente e inconsciente não se aplica às pulsões, se a pulsão não pode ser objeto de nenhum dos sistemas psíquicos e, finalmente, se ela somente se presentifica no psiquismo através de seus representantes, o campo pulsional deve ser pensado como externo ao aparato. Seu lugar é precisamente o do além do princípio do prazer, além da cadeia significante, portanto, além da ordem e da lei — lugar do indeterminado.[14]

Se o princípio estruturante do aparato é a linguagem, se é pela palavra que o aparato pode construir, além de sua própria identidade, o mundo e seus objetos, aquilo que se situa para além deste campo não apresenta nenhuma ordem que lhe seja própria, pelo menos no que diz respeito ao campo psicanalítico. É claro que diversas disciplinas, como a biologia, relativamente ao corpo humano entre outros, e a física, relativamente ao mundo e suas leis, supõem uma ordem objetivável e acreditam que podem descobri-la. Porém, ao supor que a palavra, ou a linguagem, caracteriza e constitui o humano como tal, a psicanálise opera, tendo como ponto de partida, a ordem simbólica. A partir daí, o corpo é desnaturalizado, assim como o próprio sujeito; não há ordem prévia a ser reestabelecida ou reencontrada. O mundo, e nele o próprio homem, tem de ser inventados.

Neste contexto, a pulsão pode ser entendida como potência indeterminada na exata medida em que a sua fonte, o corpo, não é considerado do ponto de vista de sua totalidade orgânica. O corpo, antes de sua submissão à ordem simbólica, é despedaçado, no sentido em que apenas fornece intensidades dispersas.[15] A ordenação e a organização destas afecções numa unidade só são possíveis através da linguagem e das significações aí construídas. Por isso, qualquer lei ou regra geral sobre o que é ou não possível fazer com este corpo merece ser problematizada, pois nada determina de antemão do que um corpo é capaz.

Ainda outro elemento apresentado por Freud na montagem do conceito de pulsão é o *alvo* [*Ziel*] — a satisfação — que, a princípio, poderia ser atingido através da eliminação do estado de estimulação na fonte. Mas, se a excitação pulsional é uma força constante, se flui continuamente, como poderia haver satisfação? Como se poderia fazer cessar a estimulação na fonte?

Estas questões evidenciam o caráter paradoxal da satisfação; porque a força é constante, porque não cessa, pensar a satisfação como fim da estimulação traz à luz a categoria do impossível. No entanto, mesmo que a satisfação total seja impossível, Freud nos fala em alvos intermediários e alvos inibidos, permitindo-nos introduzir a dimensão de uma satisfação parcial.[16] Embora nada apazigüe por inteiro a exigência da pressão, uma parcela de satisfação é obtida a cada objeto investido pela pulsão e a cada movimento no percurso de seu circuito. Lacan, retomando as indicações freudianas, sublinha ser o alvo sempre atingido quanto à satisfação: cada homem, cada singularidade, deve ser pensado "como um sistema onde tudo se arranja, e que atinge seu tipo próprio de satisfação".[17] Mas, esta satisfação não implica o fim da estimulação pulsional, apenas nos afasta da idéia desagradável de que nenhuma satisfação poderia ser obtida. Trata-se apenas de encontrar caminhos mais curtos dentre as múltiplas maneiras possíveis, dentre os inúmeros objetos que se oferecem, como se algum pudesse proporcionar a satisfação desejada. Assim, a outra face da categoria do impossível introduzida pela satisfação parece ser a multiplicidade dos modos de obtê-la, ainda que parcialmente.

PULSÃO E TEMPO

Esta circularidade nos aponta a idéia de um tempo pulsional específico, diferente do tempo cronológico no qual passado, presente e futuro se alinham sucessivamente. O tempo da pulsão seria como um tempo espiralado, onde não há fim, pois o circuito, embora circular, não se fecha sobre si.[18] O último termo é também o primeiro de uma nova série; a satisfação obtida é sempre diferente da satisfação buscada. É esta diferença que nos aponta o caráter criador da pulsão — não há passado a ser reencontrado, jamais houve satisfação plena. Não há uma origem para a qual se possa retornar: passado e presente são contemporâneos ao próprio sujeito. Só o que há é o futuro como abertura, como devir, pois nada pode determiná-lo de antemão.

Contudo, o próprio circuito pulsional só pode ser construído a partir da inscrição da pulsão na cadeia significante, a partir de sua captura pelo aparato psíquico. A rigor, não se poderia falar num tempo da pulsão considerada em si mesma, portanto externa ao aparato e sendo, como tal, pura potência. Assim, o tempo do qual falamos diz respeito à pulsão sexual, na medida em que ela se faz presente no psiquismo e constitui seu circuito, através da substituição incessante de objetos, manifestando sua dimensão histórica.[19]

Tanto a historicização, quanto a rememoração só são possíveis a partir da inscrição da pulsão na cadeia significante, na medida em que é aí que a memória se situa. Fora do aparato, para além dos sistemas que o constituem, não há memória ou história possíveis. Somente o que é registrado na trama significante pode retornar à consciência sob a forma de um passado não imutável, nem verdadeiro, posto que é representação e, como tal, construção.

De acordo com Lacan, o sujeito aparece neste circuito somente num terceiro tempo.[20] Não há propriamente um sujeito pulsional, se consideramos a pulsão em si mesma. Ao contrário, a pulsão é condição do advento do sujeito como sujeito do inconsciente que, portanto, participa do registro da representação, da cadeia significante. No nível pulsional, tudo se articula em termos de tensão, que, uma vez capturada pelo aparato, dá origem ao sujeito.

Finalmente, o último elemento: o *objeto* [*Objekt*] da pulsão é aquilo através do qual a pulsão procura atingir o seu alvo. Em sua origem, a pulsão não apresenta nenhuma indicação a respeito deste objeto, de modo que os objetos possíveis são incontáveis. Nada há nem na fonte pulsional, nem no objeto apreendido que indique sua especificidade com relação à satisfação, a não ser o que Freud chama de adequação peculiar do objeto para tornar possível a satisfação.[21] Obviamente, esta adequação peculiar não se refere a nenhuma propriedade específica do objeto, predeterminada com relação à pulsão, nem a nada que pudesse ser preestabelecido a partir da natureza da pulsão, já que, originalmente, nenhum objeto está ligado a ela.

Todavia, se a pulsão se caracteriza por não possuir objeto que lhe seja próprio por natureza, devemos perguntar: como a relação entre a pulsão e um objeto é possível? Ou, se preferirmos, como se dá um investimento pulsional? O que determina esta ligação? Neste mesmo artigo de 1915, Freud propõe atribuir-se ao "sistema nervoso a tarefa — falando em termos gerais — de dominar estímulos ".[22] Novamente, a idéia de que o aparato psíquico é um aparato de captura das intensidades que lhe chegam, entre elas, as intensidades pulsionais dispersas. Sabemos ser este aparato formado por sistemas, cada qual constituído por representações, e regido pelo princípio do prazer. Sabemos também que tanto a dimensão do desejo, quanto a da fantasia, participam deste campo da representação, e é com relação a estas dimensões que os objetos se apresentam como possíveis objetos de investimento pulsional. Ora, se a pulsão é um estímulo endógeno que, de fora, atinge o aparato, se é uma força constante cuja pressão exige um trabalho do aparato no sentido de buscar a satisfação, o objeto da pulsão deve ser determinado por este trabalho interno ao aparato, portanto inerente ao registro da representação. Daí podermos afirmar que o objeto da pulsão se constitui, ao mesmo tempo, como objeto do desejo e que não há relação imediata entre pulsão e objeto.[23]

Se os sistemas que constituem o aparato psíquico são formados a partir de traços que, ao se associarem, dão origem às representações que, só então, formam o objeto como uma unidade, o que se apresenta como objeto da pulsão é sempre da ordem de uma construção, de uma imagem, cujo sentido resulta da articulação entre as representações. De modo que o objeto da pulsão, ou o objeto do desejo, não deve ser entendido como algo localizável no mundo externo. Entre a pulsão e o objeto, há a cadeia significante que o colore como objeto de desejo, oferecendo-o, simultaneamente, à pulsão. Mas, o próprio fato do objeto constituir-se como tal, a partir da cadeia significante, faz com que ele se revele como apenas uma construção imaginária cuja função é, antes, a de causa de desejo, e não seu fim.

Este é o sentido da afirmação lacaniana de que a pulsão "contorna" o objeto.[24] Ao mesmo tempo em que a pulsão exige que se esboce o desenho deste objeto pela fantasia e pelo desejo, ela passa ao largo, revelando que nada pode proporcionar a satisfação plena. O objeto deve ser reinventado, a cada instante, num desenho sem fim; o circuito é percorrido, sem que nenhum ponto de parada possa ser o definitivo. Não há um caminho determinado de antemão, nem objetos, nem modos de obtenção de satisfação específicos. O que há é uma potência indeterminada que impulsiona, promovendo a produção e o movimento, sem que o fim possa ser previsto.

O SUJEITO PULSIONAL

O corpo, tal como é visto pela biologia — como uma totalidade organizada na qual cada parte cumpre uma função — não é levado em consideração; em psicanálise, ao contrário, o corpo deve ser pensado como pura materialidade sem forma. Tanto a unidade deste corpo, quanto a idéia de um corpo próprio onde cada parte é recoberta de significações, serão fornecidas pelo simbólico, portanto pela linguagem. A ordem natural, como princípio explicativo, está excluída do campo psicanalítico, pois o corpo, em sua materialidade, apenas fornece intensidades dispersas e anárquicas — potência indeterminada. Contudo, se é por efeito da linguagem que tais intensidades podem ser organizadas dando forma a este corpo, é também por efeito da linguagem que o corpo perde sua organização natural. Ou seja, de um lado, o corpo só ganha forma e unidade, a partir da captura do disperso pulsional pelo aparato psíquico; de outro lado, a pulsão só se constitui como pulsão, porque a ordem natural é submetida ao simbólico e, por aí mesmo, perdida para o humano. O que equivale a afirmar que só se pode pensar pulsão e representação simultaneamente, na relação de uma a outra, mesmo que elas se contraponham como exterioridades.

No entanto, algo permanece obscuro: se a pulsão é externa ao aparato, se ela tem sua origem em processos somáticos, se seu alvo é a satisfação e se nada determina de antemão o seu circuito, como pensar uma dualidade pulsional concernente à natureza mesma da pulsão? Como classificar a pulsão em categorias, sejam quais forem? Além disso, como supor uma linha evolutiva, um engendramento natural entre pulsão oral, anal e assim sucessivamente até uma espécie de organização final? Nada parece levar-nos nesta direção, justo o oposto: não há nada da ordem de uma metamorfose natural ou de uma relação de engendramento, nem nenhum processo de maturação que determine a passagem de uma pulsão à outra. Somente a exigência de trabalho, de satisfação, sem que se possa pensar em caminhos pré-determinados. Cada percurso e cada circuito devem ser entendidos como singularidades, e é neste percurso que o sujeito aparece e se constrói como devir, como a todo momento diferença.

Mas, se o sujeito psicanalítico surge a partir do movimento na cadeia significante, como sujeito do inconsciente, este mesmo movimento só é possível a partir da pulsão. E, se entendemos a pulsão como potência que se origina no corpo e nos processos dados neste nível, podemos concluir que a psicanálise, além de descentrar o sujeito com relação ao eu, promove sua ancoragem no próprio corpo. E isto porque o que o dota da capacidade de produzir e de criar, além de efetivamente agir, tem origem no próprio fato de que ele também é corpo.

Assim, o conceito de pulsão abre uma possibilidade de articulação entre estes dois registros que compõem o humano: o corpo e o simbólico. Ao ser definida como conceito fronteiriço, a pulsão aparece como uma mediação entre o aparato e a fonte de estimulação, apontando tanto para o corpo como fonte de potência e expansão, quanto para o psíquico como sede de representações e operador de produções. Desse modo, a pulsão oferece uma alternativa para o dualismo cartesiano que, ao propor corpo e alma como substâncias distintas, não conseguia resolver claramente a relação entre os dois. Esta questão se dissolve, na medida em que a pulsão se coloca como uma espécie de passagem, de conexão entre as duas ordens.

Freud apresenta a pulsão como sustentando a atividade psíquica, como sua mola mestra; ao mesmo tempo, recusa a idéia de que os processos psicológicos sejam epifenômenos causados por processos fisiológicos, pois os vê como concomitante dependentes, como desenrolando-se paralelamente.[25] Neste caso, corpo e pensamento não podem ser vistos como substâncias distintas independentes uma da outra — o que significaria que os processos, ocorridos num nível, não apresentam necessariamente correlatos no outro —, nem como estando numa relação causal linear. Os processos psicológicos e fisiológicos se correspondem, na medida em que mudanças num, implicam mudanças noutro, sem que seja possível determinar a causa e o efeito. Entre estes dois registros, a pulsão aparece como uma primeira mediação; considerada como excitação pulsional [*Tiebreiz*], sua origem é somática; por outro lado, ela só se faz presente no psiquismo através de seus representantes, não podendo ser reduzida a nenhum destes dois registros.

A segunda mediação é oferecida pelo conceito de *Vorstellungsrepräsentanz*, cuja tradução tanto para o francês e para o inglês, quanto para o português causou discussões e embaraços.[26] Introduzido em 1915, no artigo *Repressão*, este conceito ressalta a estreita conexão entre o aparato e a pulsão, na medida em que enfatiza ser a representação um dos representantes pulsionais no psiquismo. Mas, se falamos em representantes pulsionais no psiquismo, em modos de presentificação da pulsão no aparato, como imaginar o processo pelo qual a pulsão se transformaria nestes representantes?

No *Projeto*, Freud apresenta os conceitos de investimento colateral e de ligação, que, aparentemente, ofereceriam uma saída para esta questão, embora não a esgotem. O aparato neurônico é formado por neurônios de diversos tipos — ϕ, ψ e ω — sendo que podemos distinguir os neurônios permeáveis daqueles originariamente impermeáveis ou cujas resistências não são facilmente rompidas. Este é o caso das resistências no sistema de neurônios y, só franqueadas quando houver um acúmulo de Q (de excitação ou de energia). Consideradas isoladamente, cada Q, cada estimulação endógena de natureza intercelular não possui a magnitude necessária para promover a facilitação, o que exige um processo de acúmulo, de somação, para que o estímulo se transforme num estímulo psíquico.[27] Isto quer dizer que, efetivamente, os estímulos somáticos, portanto físicos, se transformam, acima de determinada quantidade, em estímulos psíquicos? Que algo da ordem do corpo, da matéria, transforma-se em algo anímico, psíquico, portanto sem existência material? A não ser que decidamos fazer uma metafísica da psicanálise, a resposta a estas perguntas permanece problemática.[28]

Devemos, portanto, reformular nossa pergunta: como a pulsão se faz presente no psiquismo (e não como a pulsão se transforma em seus representantes)? Aqui, retomamos o conceito de *Vorstellungsrepräsentanz*, como o delegado por excelência da pulsão no psiquismo. O *Vorstellungsrepräsentanz* é, como o nome já indica, uma representação ou um conjunto de representações investido pulsionalmente, ou seja, é uma imagem complexa, na medida em que é representação [*Vorstellung*], ao mesmo tempo que apresenta uma certa intensidade, revelando seu outro componente, o afeto [*Affekt*].[29] Ambos são representantes da pulsão no psiquismo, embora a diferença entre eles resida no fato de que a representação designa a dimensão significativa, e o afeto, a dimensão propriamente intensiva.

Considerando o aspecto propriamente econômico do afeto, Freud o define como correspondendo a processos de descarga, ao passo que as representações são da ordem de investimentos, o que faz com que sejam responsáveis mais diretamente pelo trabalho criativo do aparato.[30] Por ser da ordem da descarga, o afeto não é capaz de engendrar nenhum movimento interno ao aparato no sentido da produção, já que esta produção se refere propriamente ao deslizamento na cadeia significante. Considerado isoladamente, como pura intensidade, o afeto não possui nenhuma dimensão significativa, está sempre à deriva, revelando uma expressão da pulsão no psiquismo, sem que tenha sido capturada pela malha significante. Ao presentificar diretamente o quantum de excitação pulsional, o afeto se apresenta como exterior à cadeia das representações, sinalizando a pulsão mais diretamente.[31]

Contudo, o afeto também pode ser pensado a partir da sua ligação com a representação, como o que lhe confere uma dimensão intensiva. Por isso, na medida em que é constituído por representação e afeto, o conceito de *Vorstellungsrepräsentanz* reúne tanto a dimensão significante, quanto a dimensão intensiva, revelando, de um só lance, a pulsão como externa ao aparato e a cadeia significante na qual a pulsão será inscrita, promovendo novas produções.

De modo esquemático, podemos situar o somático de um lado, a pulsão como o que delineia a articulação com o psíquico, e o *Vorstellungsrepräsentanz* como a expressão desta conexão. Nesse sentido, o sujeito não pode mais ser pensado unicamente com relação ao registro da representação, como substância pensante ou consciência autônoma, cujas relações problemáticas com o corpo trazem um embaçamento para a clareza da razão. Para a psicanálise, ao contrário, a própria representação manifesta uma estreita ligação ao corpo, como fonte de potência. É isto que nos permite afirmar que o sujeito psicanalítico está fundamentalmente ancorado no corpo na medida em que deve ser caracterizado como atividade incessante e permanente produção de si.

A PULSÃO DE MORTE

Devemos perguntar: em que medida esta produção pode, efetivamente, ser caracterizada como produção de diferença, e não como reprodução de uma identidade qualquer? Não basta afirmar que o corpo é fonte de uma potência indeterminada para que compreendamos a condição do surgimento da diferença e do novo, também é preciso retomar a distinção entre pulsões de vida e de morte.

Até 1930, quando atinge alguma clareza, o conceito de pulsão de morte só era abordado a partir do ponto de vista da sexualidade. Somente com o texto *O mal-estar na cultura*, a pulsão de morte ganha autonomia ao ser definida como uma pulsão de destruição que traduz uma disposição original do homem. Mas, o que o termo "destruição" quer dizer? Trata-se de algo a serviço de uma tendência de retorno ao inanimado, como fora afirmado em 1920? Trata-se de algo cujo objetivo final é o aniquilamento da própria potência? Não nos parece ser esta a idéia contida no conceito de pulsão de morte.

Neste ponto, Lacan nos oferece um caminho bastante interessante, na medida em que se recusa a identificar a pulsão de morte ao princípio do Nirvana. Em um de seus animados seminários, este autor apresenta três níveis nos quais se articula a questão da pulsão de morte no discurso freudiano.[32] O primeiro é o nível dos sistemas materiais inanimados, no qual a pulsão de morte é pensada como entropia, como uma espécie de tendência a um equilíbrio universal. O segundo se refere aos sistemas materiais vivos, onde ela aparece como tendência de retorno ao inorgânico, ao inanimado. E, finalmente, o terceiro é aquele que a apresenta como "vontade de destruição", segundo os termos do próprio Lacan. O que parece fundamental no discurso lacaniano é a ressalva da noção de tendência não se aplicar à pulsão de morte, uma vez que se refere a algo relativo ao modo de funcionamento do aparato psíquico.[33]

A pulsão de morte como pulsão de destruição — e esta definição é fornecida pelo próprio Freud — deve estar para além de qualquer tendência em qualquer direção, sobretudo, de retorno ao inanimado. Lacan pergunta e responde: "O que ela poderia ser? — senão uma vontade de destruição direta".[34] Na medida em que a destruição permite a criação e o aparecimento do novo, o termo "vontade de destruição" não deve ser entendido como agressividade, e sim como a possibilidade de recomeço, como vontade de diferença. Nesse sentido, o caráter da pulsão de morte seria criativo, na medida exata em que se pode pôr em causa tudo o que existe.

Ao caracterizarmos o sexual como sendo regido pelo princípio do prazer, estamos afirmando que a sexualidade participa do aparato psíquico e, como tal, diz respeito ao campo da representação. Nesse sentido, por ser pensada de modo autônomo relativamente à sexualidade, a pulsão de morte pode ser situada fora do aparato, para além do princípio do prazer, no lugar do caos ou do acaso — o que seria equivalente a considerá-la como a pulsão por excelência. Uma vez capturada pela malha significante, ela se constituiria como pulsão sexual, ou de modo mais abrangente, como pulsão de vida. O sexual é, então, uma determinação a ser recebida pela pulsão, e não o que a caracteriza em si mesma. Mas, neste caso, como pensar o dualismo pulsional tão caro a Freud?

Uma alternativa possível seria concebermos o dualismo das pulsões como referidos aos modos nos quais ela se presentifica no aparato. Promovendo a conjunção, a conservação e mantendo as uniões estabelecidas, a pulsão se faz presente no aparato psíquico como pulsão de vida. Inversamente, ao produzir a disjunção, rompendo com as ligações estabelecidas e, por isso mesmo, fazendo emergir a diferença, a pulsão se constitui como pulsão de morte.[35] É essa potência disjuntiva e criadora que, não só caracteriza, como sobretudo é condição do aparecimento do sujeito. Este é o sentido da afirmação de que a pulsão de morte põe em causa tudo o que existe, impedindo a cristalização das formas já constituídas e, portanto, exigindo a criação de novas formas.

Esta concepção da pulsão de vida como conjuntiva e da pulsão de morte como disjuntiva é apresentada pelo próprio Freud: "Partindo de especulações sobre o começo da vida e de paralelos biológicos, concluí que, ao lado do instinto para preservar a substância viva e para reuní-la em unidades cada vez maiores, deveria haver outro instinto, contrário àquele, buscando dissolver essas unidades (...)".[36]

Poucas páginas depois, Freud afirma que a própria cultura — como o conjunto das ações e produções dos homens — representa a eterna luta entre Eros e a Morte. De um lado, Eros promove a ligação e a manutenção das produções humanas; de outro lado, a pulsão de morte impede a cristalização destas unidades, garantindo sua transformação e, por aí mesmo, a emergência da diferença.

O sujeito aparece justamente nestas novas produções, nesta construção ativa de novas significações, por oposição à passividade que caracteriza o eu como reconhecimento de si na imagem do outro. No momento em que a pulsão de morte, silenciosa, faz-se presente no discurso como disjunção, como non-sense, novos arranjos e novas articulações são possíveis; no que a pulsão de morte rasga a cadeia significante e traz à tona o vazio em torno do qual ela é construída, o sujeito advém como recomeço, criação e diferença, como vontade de outra-coisa.

NOTAS

1. Cf. FREUD, S., "Projeto para uma psicologia científica", vol. 1, pág. 405.
2. *Idem*, pág. 430.
3. 'Três ensaios sobre sexualidade', vol. 7, pág. 157.
4. *Idem*, págs. 157-158.
5. 'A concepção psicanalítica da perturbação psicogênica da visão', vol. 11, pág. 199. (Em todas as citações ao longo deste capítulo, substituí a palavra instintos por pulsões, por julgar ser esta última a tradução mais adequada para o termo Trieb no original).
6. Cf. *idem*, pág. 201: "Tanto as pulsões sexuais como as pulsões do ego, têm em geral, os mesmos órgãos à sua disposição.",
7. 'Além do princípio do prazer', vol. 18, pág. 65.
8. *Idem*, pág. 76.
9. Cf. 'As pulsões e suas vicissitudes', vol. 14, pág. 138.
10. *Idem*, págs. 142-143.
11. No Projeto, Freud utiliza a abreviação Q ou Qn para designar a quantidade (energia que circula pelos neurônios, sendo capaz de deslocamento e descarga). Em algumas passagens, a distinção entre Q e Qn diz respeito à origem da excitação: Q para excitações exógenas e Qn para excitações endógenas, embora a abreviação Q seja também utilizada para designar as excitações em geral.
12. Cf. GARCIA-ROZA, L.A., *Introdução à metapsicologia freudiana* 1, Rio de Janeiro: Zahar, 1991.
13. 'O inconsciente', vol. 14, pág. 203.
14. Cf. GARCIA-ROZA, L.A., *O mal radical em Freud*, Rio de Janeiro: Zahar, 1990, págs. 127 e ss.
15. É claro que, a rigor, não se poderia supor um momento anterior à submissão do corpo ao simbólico, na medida em que o ponto de partida da psicanálise é a linguagem. A referência que fizemos no texto visa enfatizar que o corpo, em sua materialidade, apenas fornece intensidades, e não indícios de uma organização natural que determinaria as leis que o regem. Para a psicanálise, o corpo é, de um lado, fonte de potência — corpo pulsional — e, de outro, simbólico na medida em que é apossado pela linguagem.
16. Cf. O seminário, livro 11, pág. 143.
17. Idem, pág. 158.
18. A idéia de um tempo pulsional é apresentada por GONDAR, J. op. cit.
19. O seminário, livro 7, pág. 260.
20. O seminário, livro 11, pág. 169.
21. As pulsões e suas vicissitudes, vol. 14, pág. 143. Acerca do objeto de uma pulsão: "É o que há de mais variável numa pulsão e, originalmente, não está ligado a ela, só lhe sendo destinado por ser peculiarmente adequado a tornar possível a satisfação."

22. Idem, pág. 140.
23. Cf. GARCIA-ROZA, L.A., *O mal radical em Freud*, Rio de Janeiro: Zahar, 1990, págs. 65-66.
24. *O seminário, livro 11*, pág. 160.
25. 'Projeto para uma psicologia científica', vol. I.
26. Uma discussão sobre as diversas traduções é apresentada por GARCIA-ROZA, L.A., *Introdução a metapsicologia freudiana 3*, Rio de Janeiro: Zahar, 1995, págs. 246-50.
27. Vol. 1, pág. 429: "as vias de condução ψ se enchem por soma até ficarem permeáveis".
28. A questão acerca da energia é desenvolvida por GARCIA-ROZA, L.A., *Introdução a metapsicologia freudiana 3*, Rio de Janeiro: Zahar, 1995, págs.256 e ss.
29. Cf. FREUD, S., 'Repressão', vol. 14, pág. 176. Neste artigo, Freud define o representante pulsional como composto pela representação e pelo afeto, como "(...) uma idéia, ou grupo de idéias, catexizados com uma quota definida de energia psíquica (...) proveniente de uma pulsão". Em seguida, somos levados a "(...) dividir aquilo que até o presente consideramos como sendo uma entidade única, de uma vez que a observação nos indica que, além da idéia, outro elemento representativo da pulsão tem de ser levado em consideração, (...). Geralmente, a expressão quota de afeto [Affektbetrag] tem sido adotada para designar este outro elemento do representante psíquico.".
30. Cf. FREUD, S., 'O inconsciente', págs. 204-205: "A diferença toda decorre do fato de que idéias são catexias — basicamente de traços de memória —, enquanto os afetos e as emoções correspondem a processos de descarga, (...).".
31. Daí Lacan definí-lo como sinal relacionando-o à angústia, e não como significante: "A propósito dos afetos, Freud fornece de passagem alguns toques sempre significativos e indicativos sobre sua psicologia. Ele sempre insiste em seu caráter convencional, artificial, no caráter não de significante, mas de sinal, a que, no final das contas, podemos reduzí-los." Cf. LACAN, J. *O seminário, livro 7*, pág. 129.
32. Cf. *idem*, seminário de 4 de maio de 1960, págs. 251-265.
33. Cf. *ibidem*, pág. 259: "(...) a tendência geral de todos os sistemas ao retorno ao equilíbrio, (...), não é o que nós analistas — (...) — podemos designar em nosso registro como sendo a pulsão."
34. *Ibidem*, pág. 259.
35. A noção da pulsão de morte como disjuntiva e da pulsão de vida como conjuntiva é apresentada por HYPPOLITE, J., "Comentário falado sobre a Verneinung de Freud" in *Ensaios de psicanálise e filosofia*, Rio de Janeiro: Timbre e Taurus, 1989, pág. 54, e desenvolvida por GARCIA-ROZA, L.A., *O mal radical em Freud*, Rio de Janeiro: Zahar, 1990, págs. 134 e ss.
36. 'O mal-estar na civilização', vol. 21, pág. 141.

Conclusão: Devir Sujeito

Em 1923, no texto *O ego e o id*, Freud apresenta um novo modelo de aparato psíquico bastante diferente do 'esquema pente', desenhado em 1900, quando o aparato era dividido em sistemas mnêmicos compostos por representações. Nossa investigação levou-nos a pensar o pré-consciente (e, neste caso, também a consciência) como um recorte na cadeia das representações, delineando apenas uma pequena parte do que é possível enunciar. O sistema inconsciente, por sua vez, foi entendido como a rede das representações em geral e suas inúmeras articulações, ou noutras palavras, como a multiplicidade virtual das significações, atualizada nas lacunas do discurso consciente. Conseqüentemente, o *sujeito do inconsciente* pode ser caracterizado como o ato de produção que é efeito do sem-sentido, ou seja, como a criação do novo e, portanto, como devir.[1]

Porém, porque a condição de possibilidade do próprio inconsciente é a pulsão — na medida em que a entendemos como uma intensidade constante, proveniente especificamente do corpo humano, que o dota de uma potência singular de pensar e agir — é num outro registro que o sujeito e o ato que lhe corresponde parecem estar mais fundamentalmente ancorados.[2] O que não significa que se possa reduzi-los a esta dimensão, assim como não se deve reduzi-los ao inconsciente ou ao campo das representações: o sujeito e seu ato se situam no limite entre o que chamamos de aparato psíquico e o que lhe é exterior.

O modelo de 1923 complementa nossas formulações, sobretudo pela introdução de instâncias como o eu e o isso, promovendo novas elaborações de discurso freudiano que permitem ressaltar a originalidade e a excentricidade do sujeito psicanalítico. O termo 'eu' está presente nos escritos de Freud desde 1895, quando era utilizado para designar um grupo de neurônios do sistema ψ *núcleo*, constantemente investido, que formaria uma espécie de integração interna a este sistema neuronal, com a função de limitar a descarga total de energia (Qn), no caso da ausência de objeto.[3] Estes grupos de neurônios se constituiriam a partir do que Freud chama de 'investimento colateral' ou 'ligação'. A Qn que atinge um neurônio tende a distribuir-se através das barreiras de contato que oferecem menor resistência, na direção da descarga motora — é a famosa 'energia livre'. Porém, se dois ou mais neurônios vizinhos forem investidos simultaneamente, o que não é raro ocorrer, estabelece-se algo como um campo neuronal capaz de reter a energia, dificultando seu escoamento, ainda que temporariamente. Freud se refere a estas integrações com o termo 'organização', e acrescenta: "Essa organização se chama 'eu'".[4]

Ora, se cada organização é um pequeno eu, não há um eu unificado anterior a estas formações. O eu resulta, é efeito destes processos de síntese que promovem a passagem de um estado de pura dispersão de excitações a estados de organização parciais. Não há nenhum tipo de esforço ou intenção em dominar as excitações, embora este seja o efeito — os eus formados são parciais, larvares e passivos.

A limitação ao livre escoamento das excitações não é intencional e nem resulta de nenhuma espécie de atividade. Somente num segundo momento, o eu será capaz de cumprir propriamente a função de inibição da descarga pelo discernimento entre uma representação-lembrança e uma percepção. Para tanto, ele deve se estender também sobre o sistema ψ *pallium* e receber os signos de realidade fornecidos pelo sistema ω. Sua função seria a de regular todo o sistema ψ, possibilitando os processos secundários pela inibição da descarga total. Portanto, a função destes pequenos eus seria garantir a manutenção de uma determinada Q, internamente ao aparato, para que ele possa se constituir e funcionar plenamente.[5] Em resumo, são duas as idéias básicas:

- o eu se forma sobre um fundo indiferenciado de excitações dispersas — dentre as quais a pulsão pode ser apontada como a mais fundamental, pois é constante e mais intensa — que tendem à descarga motora sem finalidade;
- o eu garante que as sensações não se percam no instante de sua apreensão.

Analisemos a primeira: em 1923, o eu é apresentado como uma das instâncias que compõem o aparato psíquico, sendo definido, de saída, como "(...) uma organização coerente de processos mentais (...)" ligada, mas não restrita, à consciência — o eu apresenta uma parte inconsciente por onde a diferença pode se atualizar. Vale notar que o termo 'inconsciente' não se refere, neste caso, aos conteúdos que podem atingir à consciência sempre que necessário, como seria o caso do pré-consciente. Trata-se, ao contrário, de processos, cuja natureza e modo de funcionamento diferem dos processos conscientes.[6]

Se projetássemos mentalmente este novo modelo sobre o de 1900, notaríamos que o eu tem início no sistema perceptivo (que é seu núcleo), abrange todo o sistema pré-consciente e se estende sobre parte do sistema inconsciente. O restante deste sistema recebe a denominação de *isso*, e é apontado como o fundo sobre o qual o eu se forma. Contudo, uma vez formado, o eu não envolve o isso completamente, "(...) mas apenas até o ponto em que o sist. Pcpt. forma a sua [do ego] superfície, mais ou menos como o disco germinal repousa sobre o ovo".[7] Freud nos diz ser o eu uma parte do isso que se diferenciou pelo contato direto com o mundo externo, através da percepção, dando origem a uma instância específica. Porém, embora tenha se constituído como uma instância distinta do isso, o eu não é completamente independente, fundindo-se com o isso em sua parte inferior. Tal como no *Projeto*, inicialmente existiria apenas um fundo indiferenciado, correlato ao isso, sobre o qual teriam lugar diferenciações ou organizações primordiais (os eus locais) que, num segundo momento, dariam origem ao eu, como instância unificada.

Numa de suas novas conferências introdutórias de 1932, entitulada *A dissecção da personalidade psíquica*, Freud atribui ao isso as características do sistema Ics.: ausência das leis do pensamento lógico, sobretudo a lei da contradição, ausência do símbolo da negação, ausência da idéia de tempo ou do reconhecimento da passagem do tempo e imortalidade virtual de seus conteúdos.[8] A novidade está na apresentação do isso como um "*caos*" e em sua caracterização por um *contato direto com o corpo*, com a afirmação de que ele está sujeito a influências somáticas.[9] Como se, na base do isso houvesse uma tela permeável através da qual a pulsão o atingiria diretamente, algo como uma linha pontilhada que, simultaneamente, demarca uma fronteira e a deixa em suspenso. Tanto que, nesta conferência, encontramos o desenho de um modelo de aparato baseado no de 1923, mas com uma diferença fundamental: a parte inferior do isso é aberta, ao contrário de 1923, quando o aparato era desenhado com uma fronteira bem demarcada.

Nesta mesma conferência, Freud afirma que "(...) o isso não conhece o bem, nem o mal, nem moralidade".[10] Ora, o corpo como fonte de intensidades dispersas que constituem uma pura potência, não pode oferecer nenhuma espécie de critério que permita estabelecer juízos de valor, ou o que é bom ou mau; o que está em jogo é apenas o fator quantitativo ou econômico. Se o isso se caracteriza por um contato direto com a pulsão, ele é, de um certo modo, externo ao campo simbólico e imaginário constitutivo do eu, de modo que nenhuma lei moral ou de qualquer outra natureza se aplica a ele. Por isso, é possível acompanhar a descrição freudiana do isso como um caos, como "um caldeirão cheio de excitação fervilhante", está somente referido à potência indeterminada que parte do corpo.[11] A potência pulsional exige o movimento, sem indicar de antemão a direção deste movimento — apenas exige a satisfação, sem que se possa apontar um bom ou um mau caminho. O mais interessante é que o contato com o mundo externo não é capaz de dominar o isso, ou de impor-lhe regras e normas morais. Ao contrário, o contato com o mundo externo promove uma diferenciação no isso e a constituição de uma outra instância que, esta sim, constrói e obedece às leis de seu tempo pela sua inserção num determinado campo simbólico.

O corpo e sua superfície fornecem dois tipos de sensações: externas, pois ele é visto, e internas, na medida em que é tocado. A superposição destas sensações permite a formação de uma imagem projetada da superfície deste corpo — algo como um eu corporal.[12] Ora, se falamos numa imagem, só podemos estar referidos à representação, à associação dos traços armazenados a partir das sensações. Vimos que a associação destes traços numa unidade implica necessariamente uma relação com a palavra. Isto é, a linguagem promove, internamente ao aparato, a unidade dos objetos, recobrindo-os ao mesmo tempo de significações. Ou seja, a imagem e seu sentido se formam internamente ao aparato, o que significa que são construções, e não dados fornecidos do exterior.

Sabemos que, para que um aparato se constitua, é necessária a relação com o outro. Só a linguagem garante o reconhecimento de si nesta imagem projetada de uma superfície, sobretudo, porque promove a unidade desta imagem e a constitui como a imagem de um corpo próprio. Ao afirmar que o eu tem origem no sistema Pcpt., Freud parece propor que este eu-corporal inicial seja apreendido pela consciência como mais um objeto; o que supõe que ele seja nomeado e, conseqüentemente, participe de um determinado recorte do campo simbólico. Dito de outro modo, o eu é um pequeno grupo de representações fortemente associadas entre si, nas quais o sujeito crê se reconhecer. Assim, esta imagem de si não é apenas a imagem do corpo próprio tomado como objeto: é, sobretudo, o reconhecimento de si a partir de uma série de significações razoavelmente estáveis.

Lacan pergunta: "Nesta perspectiva, como é que fica o eu? O eu é deveras um objeto. O eu, que vocês percebem, segundo se pretende, dentro do campo da consciência clara como sendo a unidade deste, é justamente aquilo diante do qual o imediato da sensação é posto em tensão. (...) Esta unidade é aquilo em que o sujeito se conhece pela primeira vez como unidade, porém, como unidade alienada, virtual".[13]

Assim, podemos retornar à segunda idéia básica presente no *Projeto*: o eu garante, de certo modo, que as percepções não se percam no instante em que ocorrem. E mais, segundo Lacan, o eu constitui, no campo da consciência, uma unidade na qual o sujeito se reconhece. Mas, embora o sujeito se reconheça como unidade no eu, esta unidade é alienante e virtual. É apenas uma imagem à qual o sujeito se identifica, mas que, justamente por ser uma imagem, não recobre o sujeito completamente. Se o eu se caracteriza como um reconhecimento de si mesmo a partir de determinadas significações assimiladas, o sujeito advém pela distância entre a imagem projetada e a potência que se origina no corpo. Como se existissem dois eus, um como consciência de si e esforço em manter uma determinada identidade, e outro como lugar da criação. Eles não se confundem e nem se identificam, como exemplifica Lacan com a distinção permitida pela língua francesa entre o *moi* e o *je*, à qual os nossos 'eu' e 'mim' correspondem apenas em parte. O primeiro se refere ao eu como imagem de si, e o segundo designa o sujeito:

> "Com certeza [*eu*] verdadeiro não é o eu. Mas não basta, pois a gente pode sempre vir a acreditar que o eu seja apenas [*eu*] errado, um ponto de vista parcial, cuja simples tomada de consciência bastaria para alargar-lhe a perspectiva, (...). O importante é a recíproca que deve ficar-nos sempre presente no espírito — o eu não é [*eu*], não é um erro, no sentido em que a doutrina clássica fez dele uma verdade parcial. Ele é outra coisa — um objeto particular dentro da experiência do sujeito. Literalmente o eu é um objeto — um objeto que preenche uma certa função que chamamos aqui de função imaginária".[14]

A experiência do sujeito não se restringe ao que ele apreende como sendo o seu eu. Suponhamos, para além desta imagem projetada, um campo de pura exterioridade, algo como um simples "há..." sem determinação, do qual a pulsão participa como uma potência interna ao organismo, que o afeta mais intensamente. De um lado, uma espécie de aparelho psíquico em potencial como, no caso específico da psicanálise, o sistema nervoso humano — capaz de capturar, armazenar e ordenar estas intensidade que o atingem, dando origem a um determinado campo de signos, ao mesmo tempo em que se inscreve num campo simbólico maior; de outro lado, a pura exterioridade que se apresenta a cada instante, tanto no contato deste sistema nervoso com o mundo externo, quanto através da pressão constante da força pulsional, gerada internamente ao organismo do qual este sistema nervoso faz parte. O encontro deste aparelho psíquico com esta exterioridade lança o homem numa reordenação infinita do campo simbólico e imaginário, colocando-os em movimento.[15]

Esta noção de uma pura exterioridade pode ser aproximada ao conceito lacaniano de *real*, tal como aparece no seminário *Os quatro conceitos fundamentais da psicanálise* (1964). Neste seminário, Lacan insiste sobre o retorno e a existência irredutíveis de algo que não pode ser simbolizado e que é radicalmente distinto da realidade ordenada pelo simbólico, ou seja, de uma representação do mundo exterior. Portanto, algo que só pode ser situado externamente ao aparato, ao mesmo tempo que deve ser inscrito no campo das representações como o que rasga as ligações estabelecidas, atualizando a potência criadora do pensamento. A todo momento, o real se insinua num encontro inevitável que acorda o sujeito de seu estado ordinário, ou se preferirmos, que garante seu advento como a atividade de criação e movimento do pensamento.

Assim, por oposição à definição do eu como uma imagem de si (originariamente, a projeção mental da superfície do corpo) construída numa relação de reconhecimento com o outro, o *sujeito* deve ser entendido como o que advém do encontro desta identidade a si com a exterioridade, sobretudo a pulsional. Se é impossível fugir deste encontro, pois a pressão pulsional não cessa, e se este encontro exige uma produção original, pois provoca, no pensamento, forças cujo modelo é absolutamente distinto, a característica fundamental do sujeito é a *atividade* de invenção de formas radicalmente novas, imprevisíveis e originais (ao passo que o eu é marcado por uma passividade que resulta de sua própria estrutura de imagem).[16] Tal encontro constante e inevitável com a exterioridade, bem como a atividade que daí resulta, imprimem no sujeito a marca do *devir*.[17]

Eis o que distancia a psicanálise das tais condições de possibilidade investigadas nesta pesquisa. Descartes nos oferecera o desenho de uma interioridade com a introdução do *eu* como lugar da identidade e como o nome dado a uma certa imagem. Mas esta imagem era pensada como correspondendo verdadeiramente a uma "coisa" (*res*); o que permitiu a compreensão da "alma" como substância independente do corpo. De algum modo, a psicanálise leva em conta esta imagem, não para reconhecer aí algo independente do corpo e transparente ao conhecimento, mas sim para propor que ela não é capaz de representar o sujeito. Em psicanálise, o sujeito é o que não pode ser capturado por nenhuma representação, na medida em que, imerso no devir por seus inevitáveis encontros com a exterioridade, ultrapassa os limites deste campo.

Por outro lado, esta imagem de si oferecida pelo eu garante que o sujeito não se perca num puro *percipi,* em sensações instantâneas e fugazes que só poderiam ser contempladas passivamente. O eu assegura uma unidade que, apesar das mutações, permanece no tempo como a imagem de si à qual vêm agrupar-se traços novos a cada relação com o outro. Daí a introdução do *tempo* por Kant ter sido apontada como ainda outra condição de possibilidade do sujeito em psicanálise. Ao postular o tempo como condição *a priori* de qualquer percepção interna, Kant faz com que o sujeito esteja necessariamente referido a uma história, ou se preferirmos, que a história seja constitutiva do sujeito — pois somente aí a existência do eu pode ser determinada. Mas, para que a dimensão temporal se constituísse como histórica, Kant precisou supor uma subjetividade transcendental, uma consciência una *a priori* capaz de apreender a diversidade num só momento, de reproduzir este presente através da imaginação e de reconhecer a permanência de certos elementos.

Assim, de um lado, Freud também dá à dimensão histórica um caráter relevante. Contudo, que a unidade imaginária do eu permaneça razoavelmente estável e que implique uma dimensão histórica, não significa que o sujeito seja completamente determinado pelo seu passado. Sua história é, assim como a imagem de si, a construção de um campo determinado de significações sempre em mutação. E o que garante esta mutação é o que chamamos de *desejo*, cuja função é pôr em movimento, mais do que atingir este ou aquele fim. Tanto o desejo quanto o sujeito são, em psicanálise, vazios de determinações, ou se preferirmos, o vazio intrínseco à cadeia das representações que permite seu rearranjo incessante. Daí Hegel ter sido apontado como outra condição de possibilidade do sujeito em psicanálise.

Contudo, que se aponte, numa certa linhagem de pensamento da qual Descartes, Kant e Hegel participam, condições de possibilidade do conceito de sujeito em psicanálise, não significa que a própria psicanálise se inscreva nesta linhagem. Seus conceitos fundamentais — inconsciente e pulsão — dão ao pensamento a possibilidade de inventar, e ao sujeito, a liberdade de tornar-se sempre outro.

NOTAS

1. Cf. *supra*, parte II, capítulo 1: "*O inconsciente*".
2. Cf. *supra*, parte II, capítulo 2: "*A pulsão*".
3. Em função da dupla fonte de estímulos que atingem o sistema ψ, Freud subdividiu-o em duas partes, ψ *núcleo* e ψ *pallium*. Os neurônios do pallium seriam investidos a partir do sistema ϕ, portanto, a partir de estímulos exógenos, e os neurônios do núcleo seriam investidos diretamente a partir das fontes endógenas de estimulação.
4. Vol. 1, págs. 437.
5. No artigo sobre os dois princípios do funcionamento mental, de 1911, Freud introduz a distinção entre um *ego-prazer* (*Lust-Ich*) e um *ego-realidade* (*Real-Ich*), afirmando que o ego-prazer "nada pode fazer a não ser querer, trabalhar para produzir o prazer e evitar o desprazer", e que o ego-realidade, por sua vez, "nada necessita fazer a não ser lutar pelo que é útil e resguardar-se contra danos." ('Formulações sobre os dois princípios do funcionamento mental', vol. 12, pág. 283). Neste texto, esta oposição parece bastante vinculada à existente entre o princípio do prazer e o princípio de realidade, sendo utilizada para abordar o que se passa relativamente ao que Freud compreende, neste momento, por pulsões do ego. Assim, o ego-prazer deve se desenvolver e se transformar num ego-realidade. Contudo, em 1915, esta distinção reaparece com uma inversão na suces-

são dos termos: ao contrário de 1911, o ego-realidade é apontado como originário, podendo ser apontado como o correlato destas primeiras organizações no sistema ψ núcleo. Cf. 'As pulsões e suas vicissitudes', vol. 14, pág. 157.
6. Cf. FREUD, S., 'O ego e o id', vol. 19, págs. 28-29.
7. *Idem*, pág. 37.
8. Cf. *ibidem*, págs. 94-95.
9. Cf. FREUD, S., 'Novas conferêncais introdutórias sobre psicanálise (conf. XXXI)', vol. 22, pág. 94: "Descrevemo-lo [o isso] como estando aberto, no seu extremo, a influências somáticas (...). Está repleto de energias que a ele chegam das pulsões, porém não possui organização (...)."
10. *Idem*, vol. 22, pág. 95.
11. Na edição brasileira, encontramos a palavra 'agitação', ao invés de 'excitação', como na tradução argentina. Optamos, neste caso particular, pela tradução argentina porque a palavra 'excitação' ressalta ainda mais a conexão fundamental do isso com o corpo como fonte de excitações caóticas. Cf. Ed. Amorrortu Editores, vol. 22, pág. 68.
12. Cf. FREUD, S., 'O ego e o id', vol. 19, pág. 40: "O ego é, primeiro e acima de tudo, um ego corporal; não é simplesmente uma entidade de superfície, mas é, ele próprio, a projeção de uma superfície." Na mesma página, numa nota de rodapé acrescentada em 1927 e que aparece somente na tradução inglesa, encontramos o seguinte: "Isto é, o ego em última análise deriva das sensações corporais, principalmente das que se originam da superfície do corpo. Ele pode ser assim encarado como uma projeção mental da superfície do corpo, além de, como vimos acima, representar as superfícies do aparelho mental."
13. *O seminário, livro 2*, pág. 69.
14. *Idem*, págs. 62-63.
15. O tema da exterioridade está presente na obra de filósofos como Gilles Deleuze, Michel Foucault e Alain Badiou, numa relação fundamental com a noção de 'acontecimento'. Cf. *infra*,"*Bibliografia*", obras citadas destes autores.
16. Cf. FREUD, S., 'O ego e o id', vol. 19, pág. 37: "(...) aquilo que chamamos de nosso ego comporta-se essencialmente de modo passivo na vida e, (...), nós somos 'vividos' por forças desconhecidas e incontroláveis".
17. Entendemos o termo *devir*, como tanto o conjunto das transformações presentes, de modo que nossa atenção não recaia sobre uma dentre elas, quanto a série das transformações que afetam uma coisa, uma pessoa, uma instituição etc. Em ambos os casos, o que o termo designa deve ser considerado como mais concreto do que o que se refere à noção de tempo. Como se o devir fosse a matéria à qual o conceito de tempo daria uma forma. Cf. verbete: devenir in *Encyclopédie Philosophique Universelle*, vol. II, Paris: P.U.F., 1990.

Referências Bibliográficas

ASSOUN, P.-L. *Introdução à epistemologia freudiana.* Rio de Janeiro: Imago, 1983.
_____. *Freud, la philosophie et les philosophes.* Paris: Quadrige/ PUF, 1995.
_____. *Metapsicologia freudiana: uma introdução.* Rio de Janeiro: Zahar, 1995.
BAAS, B. & ZALOSZYC, A. *Descartes et les fondements de la psychanalyse.* Paris: Navarin Osiris, 1988.
BADIOU, A. *Théorie du sujet.* Paris: Seuil, 1982.
_____. *L'être et l'événement.* Paris: Seuil, 1988.
_____. *Por uma nova teoria do sujeito.* Rio de Janeiro: Relume Dumará, 1994.
_____. *Ética.* Rio de Janeiro: Relume Dumará, 1995.
BARROS, C.P. *Thermodynamic and evolutionary concepts in the formal structure of Freud's metapsychology.* In: GARCIA-ROZA, L.A. *Introdução à metapsicologia 2.* Rio de Janeiro: Zahar, 1991.
BARTHES, R. *Elementos de semiologia.* São Paulo: Cultrix, 1992.
BEYSSADE, M. *Descartes.* São Paulo: Ed. 70, 1986.
BEYSSADE, J.-M. *La philosophie première de Descartes.* Paris: Flammarion, 1979.
BIRMAN, J. *Ensaios de teoria psicanalítica.* Rio de Janeiro: Zahar, 1993.
_____. *Psicanálise, ciência e cultura.* Rio de Janeiro: Zahar, 1994.
BORCH-JACOBSEN, M. *Le sujet freudien.* Paris: Flammarion, 1992.
_____. *Lacan: Le Maître Absolu.* Paris: Flammarion, 1995.
CHATELÊT, F. *História da filosofia: idéias, doutrinas.* Rio de Janeiro: Zahar, 1974.
_____. *O pensamento de Hegel.* Lisboa: Presença, 1985.

CHAUÍ, M. "Laços do desejo". In: *O Desejo* (org. Adauto Novaes). São Paulo: Cia das Letras, 1990.
CHEMAMA, R. (dir.). *Diccionaire de la psychanalyse*. Paris: Larousse, 1993.
DEGUY, M., BADIOU, A., OGILVIE, B. et alii. *Lacan avec les philosophes*. Paris: Albin Michel, 1991.
DELEUZE, G. & GUATTARI, F. *O que é a filosofia?* Rio de Janeiro: Editora 34, 1992.
DELEUZE, G. *A filosofia crítica de Kant*. Lisboa: Ed. 70, 1991.
_____. *Critique et clinique*. Paris: Les Éditions de Minuit, 1993.
_____. *Diferença e repetição*. Rio de Janeiro: Graal, 1988.
DESCARTES, R. *Meditações*. In: *Os pensadores*. São Paulo: Editora Abril Cultural, 1979.
_____. *Le discours de la méthode*. Paris: Vrin (Ed. Gilson), 1970.
DOR, J. *A-cientificidade da psicanálise*. tomo 1. Porto Alegre: Artes Médicas Sul, 1993.
DOR, J. *Introdução à leitura de Lacan*. Porto Alegre: Artes Médicas Sul, 1995.
EY, H. (dir.). *O Inconsciente. vol. 1 – IV Colóquio de Bonneval*. Rio de Janeiro: Tempo Brasileiro, 1969.
FREUD, S. Projeto para uma psicologia científica (1895). In: *Edição Standard Brasileira das Obras Completas (E.S.B.)*, vol. 1. Rio de Janeiro: Imago, 1980 [Os volumes relacionados abaixo referem-se a esta edição]
_____. Carta 52. vol. 1.
_____. Hereditariedade e a etiologia das neuroses (1896). vol. 3.
_____. Novos comentários sobre as neuropsicoses de defesa (1896). vol. 3.
_____. A interpretação dos sonhos (1900). vol. 4 e 5.
_____. Três ensaios sobre a sexualidade (1905). vol. 7.
_____. Cinco lições de psicanálise (1909). vol. 11.
_____. A concepção psicanalítica da perturbação psicogênica da visão (1910). vol. 11.
_____. Notas psicanalíticas sobre um relato autobiográfico de um caso de paranóia (dementia paranoides) (1911). vol. 12.
_____. Recordar, repetir e elaborar (1914). vol. 12.
_____. Formulações sobre os dois princípios do funcionamento mental (1911). vol. 12.
_____. Uma nota sobre o inconsciente na psicanálise (1912). vol. 12.
_____. A história do movimento psicanalítico (1914). vol. 14.
_____. Sobre o narcisismo: uma introdução (1914). vol. 14.
_____. Os instintos e suas vicissitudes (1915). vol. 14.
_____. Repressão (1915). vol. 14.
_____. O inconsciente (1915). vol. 14.
_____. Conferências introdutórias sobre psicanálise (1915-17). vol. 15 e 16.
_____. História de uma neurose infantil (1914). vol. 17.
_____. Uma dificuldade no caminho da psicanálise (1917). vol. 17.
_____. Além do princípio do prazer (1920). vol. 18.
_____. Psicologia de grupo e análise do ego (1921). vol. 18.
_____. Dois verbetes de enciclopédia (1922). vol. 18.
_____. O ego e o id (1923). vol. 19.
_____. Uma nota sobre o bloco mágico (1925). vol. 19.

_____. A negativa (1925). vol. 19.
_____. Um estudo autobiográfico. vol. 20.
_____. O futuro de uma ilusão (1927). vol. 21.
_____. O mal-estar na civilização (1929). vol. 21.
_____. Novas conferências introdutórias sobre psicanálise (1932). vol. 22.
_____. Esboço de psicanálise (1938). vol. 23.
_____. Construções em análise (1937). vol. 23.
_____. *Contribution à la conception des aphasies.* Paris: P.U.F., 1996.
FOUCAULT, M. *Les mots et les choses.* Paris: Gallimard, 1966.
_____. *História da sexualidade. vol. 1.* Rio de Janeiro: Graal, 1986.
_____. *Dits et écrits.* Paris: Gallimard, 1994.
FONTANA, A. verbete: inconsciente. In: *Enciclopédia Einaudi. vol. 23.* Lisboa: INCM, 1994.
GARCIA-ROZA, L.A. *Freud e o inconsciente.* Rio de Janeiro: Zahar, 1988.
_____. *O mal-radical em Freud.* Rio de Janeiro: Zahar, 1990.
_____. *Introdução à metapsicologia freudiana 1.* Rio de Janeiro: Zahar, 1991.
_____. *Introdução à metapsicologia freudiana 2.* Rio de Janeiro: Zahar, 1991.
_____. *Acaso e repetição em psicanálise.* Rio de Janeiro: Zahar, 1993.
_____. *Introdução à metapsicologia freudiana 3.* Rio de Janeiro: Zahar, 1995.
GONDAR, J. *Os tempos de Freud.* Rio de Janeiro: Revinter, 1995.
GUEROULT, M. *Descartes selon l'ordre des raisons.* Paris: Aubier, 1991.
HEGEL, G.W.F. *Phénoménologie de L'Esprit* (trad. Jean Hyppolite). Paris: Aubier, 1941.
HENRY, M. *Généalogie de la psychanalyse.* Paris: P.U.F., 1985.
HYPPOLITE, J. *Génese et structure de la Phénoménologie de L'Esprit de Hegel.* Paris: Aubier, 1974.
_____. *Figures de la pensée philosophique.* Paris: Quadrige/ P.U.F., 1991.
_____. *Ensaios de psicanálise e filosofia.* Rio de Janeiro: Timbre/ Taurus, 1989.
JANIK, A. & TOULMIN, S. *A Viena de Wittgenstein.* Rio de Janeiro: Campus, 1991.
JARCZYK, G. & LABARRIÈRE, J-P. *Les premiers combats de la reconnaissance.* Paris: Aubier, 1987.
JURANVILLE, A. *Lacan e a filosofia.* Rio de Janeiro: Zahar, 1987.
KANT, I. *Crítica da razão pura.* Lisboa: Fundação Calouste Gulbekian, 1989.
KOJÈVE, A. *Introduction à la lecture de Hegel.* Paris: Gallimard, 1947.
LACAN, J. *Écrits.* Paris: Seuil, 1966.
_____. *O Seminário, livro 1.* Rio de Janeiro: Zahar, 1979.
_____. *O Seminário, livro 2.* Rio de Janeiro: Zahar, 1985.
_____. *O Seminário, livro 4.* Rio de Janeiro: Zahar, 1995.
_____. *O Seminário, livro 7.* Rio de Janeiro: Zahar, 1988.
_____. *O Seminário, livro 11.* Rio de Janeiro: Zahar, 1979.
_____. *O Seminário, livro 15.* inédito.
_____. *O Seminário, livro 17.* Rio de Janeiro: Zahar, 1992.
LAPLANCHE, J. *Problemática IV: o inconsciente e o id.* São Paulo: Martins Fontes, 1992.
LAPLANCHE, J. et aliis. *A pulsão de morte.* São Paulo: Escuta, 1988.
LAPLANCHE, J. & PONTALIS, J.-B. *Vocabulário de psicanálise.* São Paulo: Martins Fontes, 1986.
LE DIRAISON, S. & ZERNIK, E. *Les corps de philosophes.* Paris: Aubier, 1993.
LEMAIRE, A. *Jacques Lacan, uma introdução.* Rio de Janeiro: Campus, 1989.

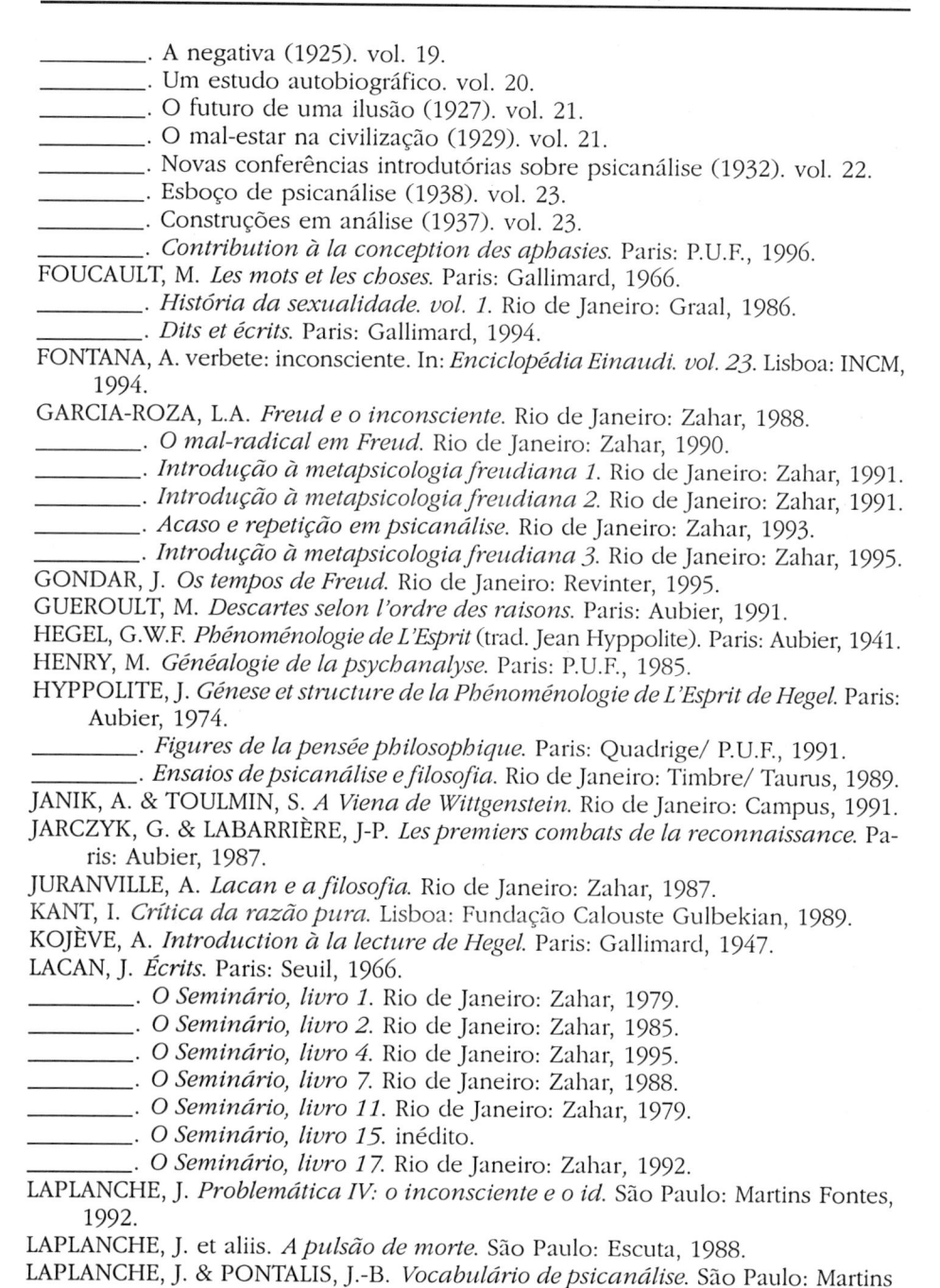

LEVY, P. *Qu' est-ce que le virtuel?* Paris: Éditions la Découverte, 1995.
MACEY, D. *Lacan in contexts.* Londres: Verso, 1988.
MILLER, G. (org.). *Lacan.* Rio de Janeiro: Zahar, 1989.
MILLER, J.-A. *Matemas I.* Buenos Aires: Manantial, 1991.
_____. *Matemas II.* Buenos Aires: Manantial, 1994.
MORA, F.J. *Diccionario de filosofía.* Madrid: Alianza Editorial, 1988.
NASIO, J.-D. *Cinco lições sobre a teoria de Jacques Lacan.* Rio de Janeiro: Zahar, 1993.
NASSIF, J. *Freud l'inconscient.* Paris: Éditions Galilée, 1977.
OGILVIE, B. *Lacan: a formação do conceito de sujeito.* Rio de Janeiro: Zahar, 1991.
PHILONENKO, A. *L'oeuvre de Kant.* Paris: Vrin, 1989.
_____. *Lecture de la phénoménologie de Hegel.* Paris: Vrin, 1993.
PIETTRE, B. *Philosophie et science du temps.* Paris: P.U.F., 1994.
RODIS-LEWIS, G. *Descartes. textes et débats.* Paris: Librairie Général Française, 1984.
ROSOLATO, G. *Elementos de interpretação.* São Paulo: Escuta, 1988.
ROUDINESCO, E. *Jacques Lacan: esboço de uma vida, história de um sistema de pensamento.* São Paulo: Cia. das Letras, 1994.
SAFOUAN, M. *Études sur l'Oedipe: introduction à une théorie du sujet.* Paris: Seuil, 1974.
_____. *O inconsciente e seu escriba.* Campinas: Papirus, 1987.
SAUSSURE, F. *Curso de linguística geral.* São Paulo: Cultrix, 1961.
SCHORSKE, C. E. *Viena fin-de-siècle.* São Paulo: Companhia das Letras/ Unicamp, 1988.
SERRES, M. *Le système de Leibniz et ses modèles mathematiques.* Paris: P.U.F., 1968.
SIPOS, J. *Lacan et Descartes, la tentation métaphysique.* Paris: P.U.F., 1994.
TEIXEIRA, L. *Ensaios sobre a moral de Descartes.* São Paulo: Ed. Brasiliense, 1992.
WAHL, J. *Du rôle de l'idée de l'instant dans la philosophie de Descartes.* Paris: Vrin, 1953.

PERIÓDICOS

Boletim do Mestrado em Teoria Psicanalítica, ano I, vol. 1, n. 1, Rio de Janeiro: IP/ UFRJ, 1988.2.
Boletim do Mestrado em Teoria Psicanalítica, ano II, vol. 1, n. 2, Rio de Janeiro: IP/ UFRJ, 1989.1.
Boletim do Mestrado em Teoria Psicanalítica, ano II, vol. 2, n. 3, Rio de Janeiro: IP/ UFRJ, 1989.2.
Boletim do Mestrado em Teoria Psicanalítica, ano IV, vol. 6, n. 9, Rio de Janeiro: IP/ UFRJ, 1991.2.
Littoral, n. 14, Toulouse: Editions Erès, novembro/ 1984.
Littoral, n. 25, Toulouse: Editions Erès, abril/ 1988.
Psicanálise e tempo, Cadernos de Psicanálise, ano XVI, n. 8, Rio de Janeiro: Círculo Psicanalítico do Rio de Janeiro, outubro/ 1994.
Psicologia & Psicanálise, Rio de Janeiro: UFRJ, inverno/ 1991.
Scilicet 2/3, Paris: Seuil, 1970.
Scilicet 6/7, Paris: Seuil, 1976.

IMPRESSÃO E ACABAMENTO
GRÁFICA E EDITORA SÃO CRISTOVÃO
Fone: (054) 522-1828 - Erechim - RS